T&P BOOKS

UCRANIANO

V O C A B U L Á R I O

PALAVRAS MAIS ÚTEIS

PORTUGUÊS
UCRANIANO

Para alargar o seu léxico e apurar
as suas competências linguísticas

3000 palavras

Vocabulário Português-Ucraniano - 3000 palavras

Por Andrey Taranov

Os vocabulários da T&P Books destinam-se a ajudar a aprender, a memorizar, e a rever palavras estrangeiras. O dicionário é dividido em temas, cobrindo todas as principais esferas de atividades quotidianas, negócios, ciência, cultura, etc.

O processo de aprendizagem, utilizando os dicionários baseados em temáticas da T&P Books dá-lhe as seguintes vantagens:

- Informação de origem corretamente agrupada predetermina o sucesso em fases subsequentes da memorização de palavras
- Disponibilização de palavras derivadas da mesma raiz, o que permite a memorização de unidades de texto (em vez de palavras separadas)
- Pequenas unidades de palavras facilitam o processo de estabelecimento de vínculos associativos necessários para a consolidação do vocabulário
- O nível de conhecimento da língua pode ser estimado pelo número de palavras aprendidas

T&P Books Publishing
www.tpbooks.com

Este livro também está disponível em formato E-book.
Por favor visite www.tpbooks.com ou as principais livrarias on-line.

VOCABULÁRIO UCRANIANO
palavras mais úteis

Os vocabulários da T&P Books destinam-se a ajudar a aprender, a memorizar, e a rever palavras estrangeiras. O vocabulário contém mais de 3000 palavras de uso comum organizadas tematicamente.

O vocabulário contém as palavras mais comummente usadas
Recomendado como adicional para qualquer curso de línguas
Satisfaz as necessidades dos iniciados e dos alunos avançados de línguas estrangeiras
Conveniente para o uso diário, sessões de revisão e atividades de auto-teste
Permite avaliar o seu vocabulário

Características especias do vocabulário

· As palavras estão organizadas de acordo com o seu significado, e não por ordem alfabética
· As palavras são apresentadas em três colunas para facilitar os processos de revisão e auto-teste
· As palavras compostas são divididas em pequenos blocos para facilitar o processo de aprendizagem
· O vocabulário oferece uma transcrição simples e adequada de cada palavra estrangeira

O vocabulário contém 101 tópicos incluindo:

Conceitos básicos, Números, Cores, Meses, Estações do ano, Unidades de medida, Roupas & Acessórios, Alimentos & Nutrição, Restaurante, Membros da Família, Parentes, Caráter, Sentimentos, Emoções, Doenças, Cidade, Passeios, Compras, Dinheiro, Casa, Lar, Escritório, Trabalho no Escritório, Importação & Exportação, Marketing, Pesquisa de Emprego, Desportos, Educação, Computador, Internet, Ferramentas, Natureza, Países, Nacionalidades e muito mais ...

TABELA DE CONTEÚDOS

GUIA DE PRONUNCIAÇÃO

Letra	Exemplo Ucraniano	Alfabeto fonético T&P	Exemplo Português

Vogais

А а	акт	[a]	chamar
Е е	берет	[e], [ɛ]	mover
Є є	модельєр	[ɛ]	mesquita
И и	ритм	[k]	kiwi
I і	компанія	[i]	sinónimo
Ї ї	поїзд	[ji]	gaseificada
О о	око	[ɔ]	emboço
У у	буря	[u]	bonita
Ю ю	костюм	[ʲu]	nacional
Я я	маяк	[ja], [ʲa]	Himalaias

Consoantes

Б б	бездна	[b]	barril
В в	вікно	[w]	página web
Г г	готель	[h]	agora
Ґ ґ	ґудзик	[g]	gosto
Д д	дефіс	[d]	dentista
Ж ж	жанр	[ʒ]	talvez
З з	зброя	[z]	sésamo
Й й	йти	[j]	géiser
К к	крок	[k]	kiwi
Л л	лев	[l]	libra
М м	мати	[m]	magnólia
Н н	назва	[n]	natureza
П п	приз	[p]	presente
Р р	радість	[r]	riscar
С с	сон	[s]	sanita
Т т	тир	[t]	tulipa
Ф ф	фарба	[f]	safári
Х х	холод	[h]	[h] aspirada
Ц ц	церква	[ts]	tsé-tsé
Ч ч	час	[ʧ]	Tchau!
Ш ш	шуба	[ʃ]	mês
Щ щ	щука	[ɕ]	shiatsu
ь	камінь	[ʲ]	sinal suave
ъ	ім'я	[ˈ]	sinal forte

ABREVIATURAS
usadas no vocabulário

Abreviaturas do Português

adj	-	adjetivo
adv	-	advérbio
anim.	-	animado
conj.	-	conjunção
desp.	-	desporto
etc.	-	etecetra
ex.	-	por exemplo
f	-	nome feminino
f pl	-	feminino plural
fem.	-	feminino
inanim.	-	inanimado
m	-	nome masculino
m pl	-	masculino plural
m, f	-	masculino, feminino
masc.	-	masculino
mat.	-	matemática
mil.	-	militar
pl	-	plural
prep.	-	preposição
pron.	-	pronome
sb.	-	sobre
sing.	-	singular
v aux	-	verbo auxiliar
vi	-	verbo intransitivo
vi, vt	-	verbo intransitivo, transitivo
vr	-	verbo reflexivo
vt	-	verbo transitivo

Abreviaturas do Ucraniano

ж	-	nome feminino
мн	-	plural
с	-	neutro
ч	-	nome masculino

CONCEITOS BÁSICOS

1. Pronomes

eu	я	[ja]
tu	ти	[ti]
ele	він	[win]
ela	вона	[wo'na]
ele, ela (neutro)	воно	[wo'nɔ]
nós	ми	[miِ]
vocês	ви	[wiِ]
eles, elas	вони	[wo'niِ]

2. Cumprimentos. Saudações

Olá!	Здрастуй!	['zdrastuj]
Bom dia! (formal)	Здрастуйте!	['zdrastujtɛ]
Bom dia! (de manhã)	Доброго ранку!	['dɔbroɦo 'ranku]
Boa tarde!	Добрий день!	['dɔbrij dɛnʲ]
Boa noite!	Добрий вечір!	['dɔbrij 'wɛtʃir]
cumprimentar (vt)	вітатися	[wi'tatisʲa]
Olá!	Привіт!	[pri'wit]
saudação (f)	привітання (c)	[priwi'tanʲa]
saudar (vt)	вітати	[wi'tati]
Como vai?	Як справи?	[jak 'sprawiِ]
Como vai?	Як у вас справи?	[jak u was 'sprawiِ]
O que há de novo?	Що нового?	[ɕo no'wɔɦo]
Até à vista!	До побачення!	[do po'batʃɛnʲa]
Até breve!	До скорої зустрічі!	[do 'skɔrojiِ 'zustritʃi!]
Adeus! (sing.)	Прощавай!	[prɔɕa'waj]
Adeus! (pl)	Прощавайте!	[prɔɕa'wajtɛ]
despedir-se (vr)	прощатися	[pro'ɕatisʲa]
Até logo!	Бувай!	[bu'waj]
Obrigado! -a!	Дякую!	['dʲakuʲu]
Muito obrigado! -a!	Щиро дякую!	['ɕiro 'dʲakuʲu]
De nada	Будь ласка	[budʲ 'laska]
Não tem de quê	Не варто подяки	[nɛ 'warto po'dʲaki]
De nada	Нема за що	[nɛ'ma za ɕo]
Desculpa!	Вибач!	['wibatʃ]
Desculpe!	Вибачте!	['wibatʃtɛ]
desculpar (vt)	вибачати	[wiba'tʃati]
desculpar-se (vr)	вибачатися	[wiba'tʃatisʲa]

As minhas desculpas	Мої вибачення	[moɨ 'wɨbatʃɛnʲa]
Desculpe!	Вибачте!	['wɨbatʃtɛ]
perdoar (vt)	вибачати	[wɨba'tʃati]
por favor	будь ласка	[budʲ 'laska]

Não se esqueça!	Не забудьте!	[nɛ za'budʲtɛ]
Certamente! Claro!	Звичайно!	[zwɨ'tʃajno]
Claro que não!	Звичайно ні!	[zwɨ'tʃajno ni]
Está bem! De acordo!	Згоден!	['zɦɔdɛn]
Basta!	Досить!	['dɔsitʲ]

3. Questões

Quem?	Хто?	[hto]
Que?	Що?	[ɕo]
Onde?	Де?	[dɛ]
Para onde?	Куди?	[ku'dɨ]
De onde?	Звідки?	['zwidkɨ]
Quando?	Коли?	[ko'lɨ]
Para quê?	Навіщо?	[na'wiɕo]
Porquê?	Чому?	[tʃo'mu]

Para quê?	Для чого?	[dlʲa 'tʃoɦo]
Como?	Як?	[jak]
Qual?	Який?	[ja'kɨj]
Qual? (entre dois ou mais)	Котрий?	[kot'rɨj]
A quem?	Кому?	[ko'mu]
Sobre quem?	Про кого?	[pro 'kɔɦo]
Do quê?	Про що?	[pro ɕo]
Com quem?	З ким?	[z kɨm]

Quanto, -os, -as?	Скільки?	['skilʲkɨ]
De quem? (masc.)	Чий?	[tʃɨj]
De quem é? (fem.)	Чия?	[tʃɨ'ʲa]
De quem são? (pl)	Чиї?	['tʃɨjɨ]

4. Preposições

com (prep.)	з	[z]
sem (prep.)	без	[bɛz]
a, para (exprime lugar)	в	[w]
sobre (ex. falar ~)	про	[pro]
antes de ...	перед	['pɛrɛd]
diante de ...	перед	['pɛrɛd]

sob (debaixo de)	під	[pid]
sobre (em cima de)	над	[nad]
sobre (~ a mesa)	на	[na]
de (vir ~ Lisboa)	з	[z]
de (feito ~ pedra)	з	[z]
dentro de (~ dez minutos)	за	[za]
por cima de ...	через	['tʃɛrɛz]

5. Palavras funcionais. Advérbios. Parte 1

Onde?	Де?	[dɛ]
aqui	тут	[tut]
lá, ali	там	[tam]

em algum lugar	десь	[dɛsʲ]
em lugar nenhum	ніде	[ni'dɛ]

ao pé de ...	біля	['bilʲa]
ao pé da janela	біля вікна	['bilʲa wik'na]

Para onde?	Куди?	[ku'dɨ]
para cá	сюди	[sʲu'dɨ]
para lá	туди	[tu'dɨ]
daqui	звідси	['zwidsɨ]
de lá, dali	звідти	['zwidtɨ]

perto	близько	['blɨzʲko]
longe	далеко	[da'lɛko]

perto de ...	біля	['bilʲa]
ao lado de	поряд	['pɔrʲad]
perto, não fica longe	недалеко	[nɛda'lɛko]

esquerdo	лівий	['liwɨj]
à esquerda	зліва	['zliwa]
para esquerda	ліворуч	[li'wɔrutʃ]

direito	правий	['prawɨj]
à direita	справа	['sprawa]
para direita	праворуч	[pra'wɔrutʃ]

à frente	спереду	['spɛrɛdu]
da frente	передній	[pɛ'rɛdnij]
em frente (para a frente)	уперед	[upɛ'rɛd]

atrás de ...	позаду	[po'zadu]
por detrás (vir ~)	ззаду	['zzadu]
para trás	назад	[na'zad]

meio (m), metade (f)	середина (ж)	[sɛ'rɛdɨna]
no meio	посередині	[posɛ'rɛdɨnɨ]

de lado	збоку	['zbɔku]
em todo lugar	скрізь	[skrizʲ]
ao redor (olhar ~)	навколо	[naw'kɔlo]

de dentro	зсередини	[zsɛ'rɛdɨnɨ]
para algum lugar	кудись	[ku'dɨsʲ]
diretamente	прямо	['prʲamo]
de volta	назад	[na'zad]

de algum lugar	звідки-небудь	['zwidkɨ 'nɛbudʲ]
de um lugar	звідкись	['zwidkɨsʲ]

em primeiro lugar	по-перше	[po 'pɛrʃɛ]
em segundo lugar	по-друге	[po 'druɦɛ]
em terceiro lugar	по-третє	[po 'trɛtɛ]

de repente	раптом	['raptom]
no início	спочатку	[spo'ʧatku]
pela primeira vez	уперше	[u'pɛrʃɛ]
muito antes de ...	задовго до...	[za'dɔwɦo do]
de novo, novamente	заново	['zanowo]
para sempre	назовсім	[na'zɔwsim]

nunca	ніколи	[ni'kɔlɨ]
de novo	знову	['znɔwu]
agora	тепер	[tɛ'pɛr]
frequentemente	часто	['ʧasto]
então	тоді	[to'di]
urgentemente	терміново	[tɛrmi'nɔwo]
usualmente	звичайно	[zwi'ʧajno]

a propósito, ...	до речі,...	[do 'rɛʧi]
é possível	можливо	[mɔʒ'lɨwo]
provavelmente	мабуть	[ma'butʲ]
talvez	може бути	['mɔʒɛ 'butɨ]
além disso, ...	крім того,...	[krim 'tɔɦo]
por isso ...	тому	['tomu]
apesar de ...	незважаючи на...	[nɛzwa'ʒaʲuʧɨ na]
graças a ...	завдяки...	[zawdʲa'kɨ]

que (pron.)	що	[ɕo]
que (conj.)	що	[ɕo]
algo	щось	[ɕosʲ]
alguma coisa	що-небудь	[ɕo 'nɛbudʲ]
nada	нічого	[ni'ʧɔɦo]

quem	хто	[hto]
alguém (~ teve uma ideia ...)	хтось	[htosʲ]
alguém	хто-небудь	[hto 'nɛbudʲ]

ninguém	ніхто	[nih'tɔ]
para lugar nenhum	нікуди	['nikudɨ]
de ninguém	нічий	[ni'ʧɨj]
de alguém	чий-небудь	[ʧɨj 'nɛbudʲ]

tão	так	[tak]
também (gostaria ~ de ...)	також	[ta'kɔʒ]
também (~ eu)	теж	[tɛʒ]

6. Palavras funcionais. Advérbios. Parte 2

Porquê?	Чому?	[ʧo'mu]
por alguma razão	чомусь	[ʧo'musʲ]
porque ...	тому, що...	['tomu, ɕo ...]
por qualquer razão	навіщось	[na'wiɕosʲ]
e (tu ~ eu)	і	[i]

ou (ser ~ não ser)	або	[a'bɔ]
mas (porém)	але	[a'lɛ]
para (~ a minha mãe)	для	[dlʲa]
demasiado, muito	занадто	[za'nadto]
só, somente	тільки	['tilʲki]
exatamente	точно	['toʧno]
cerca de (~ 10 kg)	близько	['blizʲko]
aproximadamente	приблизно	[prib'lizno]
aproximado	приблизний	[prib'liznij]
quase	майже	['majʒɛ]
resto (m)	решта (ж)	['rɛʃta]
o outro (segundo)	інший	['inʃij]
outro	інший	['inʃij]
cada	кожен	['kɔʒɛn]
qualquer	будь-який	[budʲ ja'kij]
muitos, muitas	багато	[ba'ɦato]
muito	багато	[ba'ɦato]
muito	багато	[ba'ɦato]
muitas pessoas	багато хто	[ba'ɦato hto]
todos	всі	[wsi]
em troca de …	в обмін на…	[w 'ɔbmin na]
em troca	натомість	[na'tɔmistʲ]
à mão	вручну	[wruʧ'nu]
pouco provável	навряд чи	[naw'rʲad ʧi]
provavelmente	мабуть	[ma'butʲ]
de propósito	навмисно	[naw'misno]
por acidente	випадково	[wipad'kɔwo]
muito	дуже	['duʒɛ]
por exemplo	наприклад	[na'priklad]
entre	між	[miʒ]
entre (no meio de)	серед	[serad]
tanto	стільки	['stilʲki]
especialmente	особливо	[osob'liwo]

NÚMEROS. DIVERSOS

7. Números cardinais. Parte 1

zero	нуль	[nulʲ]
um	один	[oˈdin]
dois	два	[dwa]
três	три	[tri]
quatro	чотири	[ʧoˈtiri]
cinco	п'ять	[pʲatʲ]
seis	шість	[ʃistʲ]
sete	сім	[sim]
oito	вісім	[ˈwisim]
nove	дев'ять	[ˈdɛwʲatʲ]
dez	десять	[ˈdɛsʲatʲ]
onze	одинадцять	[odiˈnadtsʲatʲ]
doze	дванадцять	[dwaˈnadtsʲatʲ]
treze	тринадцять	[triˈnadtsʲatʲ]
catorze	чотирнадцять	[ʧotirˈnadtsʲatʲ]
quinze	п'ятнадцять	[pʲatˈnadtsʲatʲ]
dezasseis	шістнадцять	[ʃistˈnadtsʲatʲ]
dezassete	сімнадцять	[simˈnadtsʲatʲ]
dezoito	вісімнадцять	[wisimˈnadtsʲatʲ]
dezanove	дев'ятнадцять	[dɛwʲatˈnadtsʲatʲ]
vinte	двадцять	[ˈdwadtsʲatʲ]
vinte e um	двадцять один	[ˈdwadtsʲatʲ oˈdin]
vinte e dois	двадцять два	[ˈdwadtsʲatʲ dwa]
vinte e três	двадцять три	[ˈdwadtsʲatʲ tri]
trinta	тридцять	[ˈtridtsʲatʲ]
trinta e um	тридцять один	[ˈtridtsʲatʲ oˈdin]
trinta e dois	тридцять два	[ˈtridtsʲatʲ dwa]
trinta e três	тридцять три	[ˈtridtsʲatʲ tri]
quarenta	сорок	[ˈsɔrok]
quarenta e um	сорок один	[ˈsɔrok oˈdin]
quarenta e dois	сорок два	[ˈsɔrok dwa]
quarenta e três	сорок три	[ˈsɔrok tri]
cinquenta	п'ятдесят	[pʲatdɛˈsʲat]
cinquenta e um	п'ятдесят один	[pʲatdɛˈsʲat oˈdin]
cinquenta e dois	п'ятдесят два	[pʲatdɛˈsʲat dwa]
cinquenta e três	п'ятдесят три	[pʲatdɛˈsʲat tri]
sessenta	шістдесят	[ʃizdɛˈsʲat]
sessenta e um	шістдесят один	[ʃizdɛˈsʲat oˈdin]

sessenta e dois	шістдесят два	[ʃizdɛ'sʲat dwa]
sessenta e três	шістдесят три	[ʃizdɛ'sʲat tri]
setenta	сімдесят	[simdɛ'sʲat]
setenta e um	сімдесят один	[simdɛ'sʲat odɨn]
setenta e dois	сімдесят два	[simdɛ'sʲat dwa]
setenta e três	сімдесят три	[simdɛ'sʲat tri]
oitenta	вісімдесят	[wisimdɛ'sʲat]
oitenta e um	вісімдесят один	[wisimdɛ'sʲat o'dɨn]
oitenta e dois	вісімдесят два	[wisimdɛ'sʲat dwa]
oitenta e três	вісімдесят три	[wisimdɛ'sʲat tri]
noventa	дев'яносто	[dɛwʲa'nɔsto]
noventa e um	дев'яносто один	[dɛwʲa'nɔsto o'dɨn]
noventa e dois	дев'яносто два	[dɛwʲa'nɔsto dwa]
noventa e três	дев'яносто три	[dɛwʲa'nɔsto tri]

8. Números cardinais. Parte 2

cem	сто	[sto]
duzentos	двісті	['dwisti]
trezentos	триста	['trista]
quatrocentos	чотириста	[tʃo'tɨrista]
quinhentos	п'ятсот	[pʲa'tsɔt]
seiscentos	шістсот	[ʃist'sɔt]
setecentos	сімсот	[sim'sɔt]
oitocentos	вісімсот	[wisim'sɔt]
novecentos	дев'ятсот	[dɛwʲa'tsɔt]
mil	тисяча	['tisʲatʃa]
dois mil	дві тисячі	[dwi 'tisʲatʃi]
três mil	три тисячі	[tri 'tisʲatʃi]
dez mil	десять тисяч	['dɛsʲatʲ 'tisʲatʃ]
cem mil	сто тисяч	[sto 'tisʲatʃ]
um milhão	мільйон (ч)	[milʲ'jɔn]
mil milhões	мільярд (ч)	[mi'ljard]

9. Números ordinais

primeiro	перший	['pɛrʃij]
segundo	другий	['druɦij]
terceiro	третій	['trɛtij]
quarto	четвертий	[tʃɛt'wɛrtij]
quinto	п'ятий	['pʲatij]
sexto	шостий	['ʃɔstij]
sétimo	сьомий	['sʲɔmij]
oitavo	восьмий	['wɔsʲmij]
nono	дев'ятий	[dɛ'wʲatij]
décimo	десятий	[dɛ'sʲatij]

CORES. UNIDADES DE MEDIDA

10. Cores

cor (f)	колір (ч)	['kɔlir]
matiz (m)	відтінок (ч)	[wid'tinok]
tom (m)	тон (ч)	[ton]
arco-íris (m)	веселка (ж)	[wɛ'sɛlka]
branco	білий	['bilij]
preto	чорний	['ʧɔrnij]
cinzento	сірий	['sirij]
verde	зелений	[zɛ'lɛnij]
amarelo	жовтий	['ʒɔwtij]
vermelho	червоний	[ʧɛr'wɔnij]
azul	синій	['sinij]
azul claro	блакитний	[bla'kitnij]
rosa	рожевий	[ro'ʒɛwij]
laranja	помаранчевий	[poma'ranʧɛwij]
violeta	фіолетовий	[fio'lɛtowij]
castanho	коричневий	[ko'riʧnɛwij]
dourado	золотий	[zolo'tij]
prateado	сріблястий	[srib'lʲastij]
bege	бежевий	['bɛʒɛwij]
creme	кремовий	['krɛmowij]
turquesa	бірюзовий	[birʲu'zɔwij]
vermelho cereja	вишневий	[wiʃ'nɛwij]
lilás	бузковий	[buz'kɔwij]
carmesim	малиновий	[ma'linowij]
claro	світлий	['switlij]
escuro	темний	['tɛmnij]
vivo	яскравий	[jas'krawij]
de cor	кольоровий	[kolʲo'rɔwij]
a cores	кольоровий	[kolʲo'rɔwij]
preto e branco	чорно-білий	['ʧɔrno 'bilij]
unicolor	однобарвний	[odno'barwnij]
multicor	різнобарвний	[rizno'barwnij]

11. Unidades de medida

peso (m)	вага (ж)	[wa'ɦa]
comprimento (m)	довжина (ж)	[dowʒi'na]

17

largura (f)	ширина (ж)	[ʃiri'na]
altura (f)	висота (ж)	[wiso'ta]
profundidade (f)	глибина (ж)	[ɦlibi'na]
volume (m)	об'єм (ч)	[o'bʼɛm]
área (f)	площа (ж)	['plɔɕa]

grama (m)	грам (ч)	[ɦram]
miligrama (m)	міліграм (ч)	[mili'ɦram]
quilograma (m)	кілограм (ч)	[kilo'ɦram]
tonelada (f)	тонна (ж)	['tɔna]
libra (453,6 gramas)	фунт (ч)	['funt]
onça (f)	унція (ж)	['untsiʲa]

metro (m)	метр (ч)	[mɛtr]
milímetro (m)	міліметр (ч)	[mili'mɛtr]
centímetro (m)	сантиметр (ч)	[santi'mɛtr]
quilómetro (m)	кілометр (ч)	[kilo'mɛtr]
milha (f)	миля (ж)	['miɫʲa]

polegada (f)	дюйм (ч)	[dʲujm]
pé (304,74 mm)	фут (ч)	[fut]
jarda (914,383 mm)	ярд (ч)	[jard]

| metro (m) quadrado | квадратний метр (ч) | [kwad'ratnij mɛtr] |
| hectare (m) | гектар (ч) | [ɦɛk'tar] |

litro (m)	літр (ч)	[litr]
grau (m)	градус (ч)	['ɦradus]
volt (m)	вольт (ч)	[woɫʲt]
ampere (m)	ампер (ч)	[am'pɛr]
cavalo-vapor (m)	кінська сила (ж)	['kinsʲka 'siɫa]

quantidade (f)	кількість (ж)	['kilʲkistʲ]
um pouco de ...	небагато...	[nɛba'ɦato]
metade (f)	половина (ж)	[polo'wina]
dúzia (f)	дюжина (ж)	['dʲuʒina]
peça (f)	штука (ж)	['ʃtuka]

| dimensão (f) | розмір (ч) | ['rɔzmir] |
| escala (f) | масштаб (ч) | [masʃ'tab] |

mínimo	мінімальний	[mini'malʲnij]
menor, mais pequeno	найменший	[naj'mɛnʃij]
médio	середній	[sɛ'rɛdnij]
máximo	максимальний	[maksi'malʲnij]
maior, mais grande	найбільший	[naj'bilʲʃij]

12. Recipientes

boião (m) de vidro	банка (ж)	['banka]
lata (~ de cerveja)	банка (ж)	['banka]
balde (m)	відро (c)	[wid'rɔ]
barril (m)	бочка (ж)	['bɔtʃka]
bacia (~ de plástico)	таз (ч)	[taz]

tanque (m)	бак (ч)	[bak]
cantil (m) de bolso	фляжка (ж)	[ˈflʲaʒka]
bidão (m) de gasolina	каністра (ж)	[kaˈnistra]
cisterna (f)	цистерна (ж)	[ʦisˈtɛrna]
caneca (f)	кухоль (ч)	[ˈkuholʲ]
chávena (f)	чашка (ж)	[ˈʧaʃka]
pires (m)	блюдце (с)	[ˈblʲudʦɛ]
copo (m)	склянка (ж)	[ˈsklʲanka]
taça (f) de vinho	келих (ч)	[ˈkɛlih]
panela, caçarola (f)	каструля (ж)	[kasˈtrulʲa]
garrafa (f)	пляшка (ж)	[ˈplʲaʃka]
gargalo (m)	горлечко	[ˈhɔrlɛʧko]
jarro, garrafa (f)	карафа (ж)	[kaˈrafa]
jarro (m) de barro	глечик (ч)	[ˈhlɛʧik]
recipiente (m)	посудина (ж)	[poˈsudina]
pote (m)	горщик (ч)	[ˈhɔrɕik]
vaso (m)	ваза (ж)	[ˈwaza]
frasco (~ de perfume)	флакон (ч)	[flaˈkɔn]
frasquinho (ex. ~ de iodo)	пляшечка (ж)	[ˈplʲaʃɛʧka]
tubo (~ de pasta dentífrica)	тюбик (ч)	[ˈtʲubik]
saca (ex. ~ de açúcar)	мішок (ч)	[miˈʃɔk]
saco (~ de plástico)	пакет (ч)	[paˈkɛt]
maço (m)	пачка (ж)	[ˈpaʧka]
caixa (~ de sapatos, etc.)	коробка (ж)	[koˈrɔbka]
caixa (~ de madeira)	ящик (ч)	[ˈʲaɕik]
cesta (f)	кошик (ч)	[ˈkɔʃik]

VERBOS PRINCIPAIS

13. Os verbos mais importantes. Parte 1

abrir (vt)	відчинити	[widtʃi'niti]
acabar, terminar (vt)	закінчувати	[za'kintʃuwati]
aconselhar (vt)	радити	['raditi]
adivinhar (vt)	вгадати	[wɦa'dati]
advertir (vt)	попереджувати	[popɛ'rɛdʒuwati]

ajudar (vt)	допомагати	[dopoma'ɦati]
almoçar (vi)	обідати	[o'bidati]
alugar (~ um apartamento)	зняти	['znʲati]
amar (vt)	кохати	[ko'ɦati]
ameaçar (vt)	погрожувати	[poɦ'rɔʒuwati]

anotar (escrever)	записувати	[za'pisuwati]
apanhar (vt)	ловити	[lo'witi]
apressar-se (vr)	поспішати	[pospi'ʃati]
arrepender-se (vr)	жалкувати	[ʒalku'wati]
assinar (vt)	підписувати	[pid'pisuwati]

atirar, disparar (vi)	стріляти	[stri'lʲati]
brincar (vi)	жартувати	[ʒartu'wati]
brincar, jogar (crianças)	грати	['ɦrati]
buscar (vt)	шукати	[ʃu'kati]
caçar (vi)	полювати	[polʲu'wati]

cair (vi)	падати	['padati]
cavar (vt)	рити	['riti]
cessar (vt)	припиняти	[pripi'nʲati]
chamar (~ por socorro)	кликати	['klikati]
chegar (vi)	приїжджати	[prijiʒ'zati]
chorar (vi)	плакати	['plakati]

começar (vt)	починати	[potʃi'nati]
comparar (vt)	порівнювати	[po'riwnʲuwati]
compreender (vt)	розуміти	[rozu'miti]
concordar (vi)	погоджуватися	[po'ɦodʒuwatisʲa]
confiar (vt)	довіряти	[dowi'rʲati]

confundir (equivocar-se)	плутати	['plutati]
conhecer (vt)	знати	['znati]
contar (fazer contas)	лічити	[li'tʃiti]
contar com (esperar)	розраховувати на...	[rozra'ɦowuwati na]
continuar (vt)	продовжувати	[pro'dɔwʒuwati]

controlar (vt)	контролювати	[kontrolʲu'wati]
convidar (vt)	запрошувати	[za'prɔʃuwati]
correr (vi)	бігти	['biɦti]

| criar (vt) | створити | [stwo'riti] |
| custar (vt) | коштувати | ['koʃtuwati] |

14. Os verbos mais importantes. Parte 2

dar (vt)	давати	[da'wati]
dar uma dica	підказати	[pidka'zati]
decorar (enfeitar)	прикрашати	[prikra'ʃati]
defender (vt)	захищати	[zahi'cati]
deixar cair (vt)	упускати	[upus'kati]

descer (para baixo)	спускатися	[spus'katisʲa]
desculpar (vt)	вибачати	[wiba'tʃati]
desculpar-se (vr)	вибачатися	[wiba'tʃatisʲa]
dirigir (~ uma empresa)	керувати	[kɛru'wati]
discutir (notícias, etc.)	обговорювати	[obɦo'worʲuwati]
dizer (vt)	сказати	[ska'zati]

duvidar (vt)	сумніватися	[sumni'watisʲa]
encontrar (achar)	знаходити	[zna'hoditi]
enganar (vt)	обманювати	[ob'manʲuwati]
entrar (na sala, etc.)	входити	['whoditi]
enviar (uma carta)	відправляти	[widpraw'lʲati]

errar (equivocar-se)	помилятися	[pomi'lʲatisʲa]
escolher (vt)	вибирати	[wibiʲrati]
esconder (vt)	ховати	[ho'wati]
escrever (vt)	писати	[piʲsati]
esperar (o autocarro, etc.)	чекати	[tʃɛ'kati]

esperar (ter esperança)	сподіватися	[spodi'watisʲa]
esquecer (vt)	забувати	[zabu'wati]
estudar (vt)	вивчати	[wiw'tʃati]
exigir (vt)	вимагати	[wima'ɦati]
existir (vi)	існувати	[isnu'wati]

explicar (vt)	пояснювати	[poʲasnʲuwati]
falar (vi)	говорити	[ɦowo'riti]
faltar (clases, etc.)	пропускати	[propus'kati]
fazer (vt)	робити	[ro'biti]
gabar-se, jactar-se (vr)	хвалитися	[hwa'litisʲa]

gostar (apreciar)	подобатися	[po'dobatisʲa]
gritar (vi)	кричати	[kri'tʃati]
guardar (cartas, etc.)	зберігати	[zbɛri'ɦati]

| informar (vt) | інформувати | [informu'wati] |
| insistir (vi) | наполягати | [napolʲa'ɦati] |

insultar (vt)	ображати	[obra'ʒati]
interessar-se (vr)	цікавитися	[tsi'kawitisʲa]
ir (a pé)	йти	[jti]
ir nadar	купатися	[ku'patisʲa]
jantar (vi)	вечеряти	[wɛ'tʃɛrʲati]

15. Os verbos mais importantes. Parte 3

ler (vt)	читати	[ʧi'tati]
libertar (cidade, etc.)	звільняти	[zwilʲ'nʲati]
matar (vt)	убивати	[ubi'wati]
mencionar (vt)	згадувати	['zɦaduwati]
mostrar (vt)	показувати	[po'kazuwati]

mudar (modificar)	змінювати	['zminʲuwati]
nadar (vi)	плавати	['plawati]
negar-se a ...	відмовлятися	[widmow'lʲatisʲa]
objetar (vt)	заперечувати	[zapɛ'rɛʧuwati]

observar (vt)	спостерігати	[spostɛri'ɦati]
ordenar (mil.)	наказувати	[na'kazuwati]
ouvir (vt)	чути	['ʧuti]
pagar (vt)	платити	[pla'titi]
parar (vi)	зупинятися	[zupi'nʲatisʲa]

participar (vi)	брати участь	['brati 'uʧastʲ]
pedir (comida)	замовляти	[zamow'lʲati]
pedir (um favor, etc.)	просити	[pro'siti]
pegar (tomar)	брати	['brati]
pensar (vt)	думати	['dumati]

perceber (ver)	помічати	[pomi'ʧati]
perdoar (vt)	прощати	[pro'ɕati]
perguntar (vt)	запитувати	[za'pituwati]
permitir (vt)	дозволяти	[dozwo'lʲati]
pertencer a ...	належати	[na'lɛʒati]

planear (vt)	планувати	[planu'wati]
possuir (vt)	володіти	[wolo'diti]
preferir (vt)	воліти	[wo'liti]
preparar (vt)	готувати	[ɦotu'wati]

prever (vt)	передбачити	[pɛrɛd'baʧiti]
prometer (vt)	обіцяти	[obi'tsʲati]
pronunciar (vt)	вимовляти	[wimow'lʲati]
propor (vt)	пропонувати	[proponu'wati]
punir (castigar)	покарати	[poka'rati]

16. Os verbos mais importantes. Parte 4

quebrar (vt)	ламати	[la'mati]
queixar-se (vr)	скаржитися	['skarʒitisʲa]
querer (desejar)	хотіти	[ho'titi]
recomendar (vt)	рекомендувати	[rɛkomɛndu'wati]
repetir (dizer outra vez)	повторювати	[pow'tɔrʲuwati]

repreender (vt)	лаяти	['laʲati]
reservar (~ um quarto)	резервувати	[rɛzɛrwu'wati]
responder (vt)	відповідати	[widpowi'dati]

| rezar, orar (vi) | молитися | [moˈlitisʲa] |
| rir (vi) | сміятися | [smiˈʲatisʲa] |

roubar (vt)	красти	[ˈkrasti]
saber (vt)	знати	[ˈznati]
sair (~ de casa)	виходити	[wiˈhɔditi]
salvar (vt)	рятувати	[rʲatuˈwati]
seguir ...	іти слідом	[iˈti ˈslidom]

sentar-se (vr)	сідати	[siˈdati]
ser necessário	бути потрібним	[ˈbutɨ poˈtribnɨm]
ser, estar	бути	[ˈbuti]
significar (vt)	означати	[oznaˈt͡ʃati]

sorrir (vi)	посміхатися	[posmiˈhatisʲa]
subestimar (vt)	недооцінювати	[nɛdooˈt͡sinʲuwati]
surpreender-se (vr)	дивуватись	[diwuˈwatisʲ]
tentar (vt)	пробувати	[ˈprɔbuwati]

ter (vt)	мати	[ˈmati]
ter fome	хотіти їсти	[hoˈtitɨ ˈjisti]
ter medo	боятися	[boˈʲatisʲa]
ter sede	хотіти пити	[hoˈtitɨ ˈpiti]

tocar (com as mãos)	торкати	[torˈkati]
tomar o pequeno-almoço	снідати	[ˈsnidati]
trabalhar (vi)	працювати	[prat͡sʲuˈwati]
traduzir (vt)	перекладати	[pɛrɛklaˈdati]
unir (vt)	об'єднувати	[oˈbʲɛdnuwati]

vender (vt)	продавати	[prodaˈwati]
ver (vt)	бачити	[ˈbat͡ʃiti]
virar (ex. ~ à direita)	повертати	[powɛrˈtati]
voar (vi)	летіти	[lɛˈtiti]

TEMPO. CALENDÁRIO

17. Dias da semana

segunda-feira (f)	понеділок (ч)	[ponɛ'dilok]
terça-feira (f)	вівторок (ч)	[wiw'tɔrok]
quarta-feira (f)	середа (ж)	[sɛrɛ'da]
quinta-feira (f)	четвер (ч)	[tʃɛt'wɛr]
sexta-feira (f)	п'ятниця (ж)	['pʲjatnitsʲa]
sábado (m)	субота (ж)	[su'bɔta]
domingo (m)	неділя (ж)	[nɛ'dilʲa]

hoje	сьогодні	[sʲo'hɔdni]
amanhã	завтра	['zawtra]
depois de amanhã	післязавтра	[pislʲa'zawtra]
ontem	вчора	['wtʃɔra]
anteontem	позавчора	[pozaw'tʃɔra]

dia (m)	день (ч)	[dɛnʲ]
dia (m) de trabalho	робочий день (ч)	[ro'bɔtʃij dɛnʲ]
feriado (m)	святковий день (ч)	[swʲat'kɔwij dɛnʲ]
dia (m) de folga	вихідний день (ч)	[wihid'nij dɛnʲ]
fim (m) de semana	вихідні (мн)	[wihid'ni]

o dia todo	весь день	[wɛsʲ dɛnʲ]
no dia seguinte	на наступний день	[na na'stupnij dɛnʲ]
há dois dias	2 дні тому	[dwa dni 'tɔmu]
na véspera	напередодні	[napɛrɛ'dɔdni]
diário	щоденний	[ɕo'dɛnij]
todos os dias	щодня	[ɕod'nʲa]

semana (f)	тиждень (ч)	['tiʒdɛnʲ]
na semana passada	на минулому тижні	[na miʲnulomu 'tiʒni]
na próxima semana	на наступному тижні	[na na'stupnomu 'tiʒni]
semanal	щотижневий	[ɕotiʒ'nɛwij]
cada semana	щотижня	[ɕo'tiʒnʲa]
duas vezes por semana	два рази на тиждень	[dwa 'razi na 'tiʒdɛnʲ]
cada terça-feira	кожен вівторок	['kɔʒɛn wiw'tɔrok]

18. Horas. Dia e noite

manhã (f)	ранок (ч)	['ranok]
de manhã	вранці	['wrantsi]
meio-dia (m)	полудень (ч)	['pɔludɛnʲ]
à tarde	після обіду	['pislʲa o'bidu]

noite (f)	вечір (ч)	['wɛtʃir]
à noite (noitinha)	увечері	[u'wɛtʃɛri]

noite (f)	ніч (ж)	[nitʃ]
à noite	уночі	[uno'tʃi]
meia-noite (f)	північ (ж)	['piwnitʃ]

segundo (m)	секунда (ж)	[sɛ'kunda]
minuto (m)	хвилина (ж)	[hwi'lina]
hora (f)	година (ж)	[ɦo'dina]
meia hora (f)	півгодини (мн)	[piwɦo'dinɨ]
quarto (m) de hora	чверть (ж) години	[tʃwɛrtʲ ɦo'dinɨ]
quinze minutos	15 хвилин	[pʲat'nadtsʲatʲ hwi'lin]
vinte e quatro horas	доба (ж)	[do'ba]

nascer (m) do sol	схід (ч) сонця	[shid 'sɔntsʲa]
amanhecer (m)	світанок (ч)	[swi'tanok]
madrugada (f)	ранній ранок (ч)	['ranij 'ranok]
pôr do sol (m)	захід (ч)	['zahid]

de madrugada	рано вранці	['rano 'wrantsi]
hoje de manhã	сьогодні вранці	[sʲo'ɦodni 'wrantsi]
amanhã de manhã	завтра вранці	['zawtra 'wrantsi]

hoje à tarde	сьогодні вдень	[sʲo'ɦodni wdɛnʲ]
à tarde	після обіду	['pislʲa o'bidu]
amanhã à tarde	завтра після обіду	['zawtra 'pislʲa o'bidu]

hoje à noite	сьогодні увечері	[sʲo'ɦodni u'wɛtʃɛri]
amanhã à noite	завтра увечері	['zawtra u'wɛtʃɛri]

às três horas em ponto	рівно о третій годині	['riwno o t'rɛtij ɦo'dini]
por volta das quatro	біля четвертої години	['bilʲa tʃɛt'wɛrtoji ɦo'dini]
às doze	до дванадцятої години	[do dwa'nadtsʲatoji ɦo'dini]

dentro de vinte minutos	за двадцять хвилин	[za 'dwadtsʲatʲ hwi'lin]
dentro duma hora	за годину	[za ɦo'dinu]
a tempo	вчасно	['wtʃasno]

menos um quarto	без чверті	[bɛz 'tʃwɛrti]
durante uma hora	протягом години	['protʲaɦom ɦo'dini]
a cada quinze minutos	кожні п'ятнадцять хвилин	['kɔʒni pʲat'nadtsʲatʲ hwi'lin]
as vinte e quatro horas	цілодобово	[tsilodo'bɔwo]

19. Meses. Estações

janeiro (m)	січень (ч)	['sitʃɛnʲ]
fevereiro (m)	лютий (ч)	['lʲutij]
março (m)	березень (ч)	['bɛrɛzɛnʲ]
abril (m)	квітень (ч)	['kwitɛnʲ]
maio (m)	травень (ч)	['trawɛnʲ]
junho (m)	червень (ч)	['tʃɛrwɛnʲ]

julho (m)	липень (ч)	['lipɛnʲ]
agosto (m)	серпень (ч)	['sɛrpɛnʲ]
setembro (m)	вересень (ч)	['wɛrɛsɛnʲ]
outubro (m)	жовтень (ч)	['ʒowtɛnʲ]

novembro (m)	листопад (ч)	[listo'pad]
dezembro (m)	грудень (ч)	['ɦrudɛnʲ]
primavera (f)	весна (ж)	[wɛs'na]
na primavera	навесні	[nawɛs'ni]
primaveril	весняний	[wɛs'nʲanij]
verão (m)	літо (с)	['lito]
no verão	влітку	['wlitku]
de verão	літній	['litnij]
outono (m)	осінь (ж)	['ɔsinʲ]
no outono	восени	[wosɛ'ni]
outonal	осінній	[o'sinij]
inverno (m)	зима (ж)	[zi'ma]
no inverno	взимку	['wzimku]
de inverno	зимовий	[zi'mowij]
mês (m)	місяць (ч)	['misʲats]
este mês	в цьому місяці	[w tsʲomu 'misʲatsi]
no próximo mês	в наступному місяці	[w na'stupnomu 'misʲatsi]
no mês passado	в минулому місяці	[w miʲnulomu 'misʲatsi]
há um mês	місяць тому	['misʲats 'tomu]
dentro de um mês	через місяць	['tʃɛrɛz 'misʲats]
dentro de dois meses	через 2 місяці	['tʃɛrɛz dwa 'misʲatsi]
todo o mês	весь місяць	[wɛsʲ 'misʲats]
um mês inteiro	цілий місяць	['tsilij 'misʲats]
mensal	щомісячний	[ɕo'misʲatʃnij]
mensalmente	щомісяця	[ɕo'misʲatsʲa]
cada mês	кожний місяць	['kɔʒnij 'misʲats]
duas vezes por mês	два рази на місяць	[dwa 'razi na 'misʲats]
ano (m)	рік (ч)	[rik]
este ano	в цьому році	[w tsʲomu 'rotsi]
no próximo ano	в наступному році	[w na'stupnomu 'rotsi]
no ano passado	в минулому році	[w miʲnulomu 'rotsi]
há um ano	рік тому	[rik 'tomu]
dentro dum ano	через рік	['tʃɛrɛz rik]
dentro de 2 anos	через два роки	['tʃɛrɛz dwa 'roki]
todo o ano	увесь рік	[u'wɛsʲ rik]
um ano inteiro	цілий рік	['tsilij rik]
cada ano	кожен рік	['kɔʒɛn 'rik]
anual	щорічний	[ɕo'ritʃnij]
anualmente	щороку	[ɕo'roku]
quatro vezes por ano	чотири рази на рік	[tʃo'tiri 'razi na rik]
data (~ de hoje)	число (с)	[tʃis'lɔ]
data (ex. ~ de nascimento)	дата (ж)	['data]
calendário (m)	календар (ч)	[kalɛn'dar]
meio ano	півроку	[piw'roku]
seis meses	півріччя (с)	[piw'ritʃʲa]

| estação (f) | сезон (ч) | [sɛ'zɔn] |
| século (m) | вік (ч) | [wik] |

VIAGENS. HOTEL

20. Viagens

Portuguese	Ukrainian	Pronunciation
turismo (m)	туризм (ч)	[tuˈrizm]
turista (m)	турист (ч)	[tuˈrist]
viagem (f)	мандрівка (ж)	[mandˈriwka]
aventura (f)	пригода (ж)	[priˈɦɔda]
viagem (f)	поїздка (ж)	[poˈjizdka]
férias (f pl)	відпустка (ж)	[widˈpustka]
estar de férias	бути у відпустці	[ˈbutɨ u widˈpusttsi]
descanso (m)	відпочинок (ч)	[widpoˈtʃinok]
comboio (m)	поїзд (ч)	[ˈpɔjizd]
de comboio (chegar ~)	поїздом	[ˈpɔjizdom]
avião (m)	літак (ч)	[liˈtak]
de avião	літаком	[litaˈkɔm]
de carro	автомобілем	[awtomoˈbilɛm]
de navio	кораблем	[korabˈlɛm]
bagagem (f)	багаж (ч)	[baˈɦaʒ]
mala (f)	валіза (ж)	[waˈliza]
carrinho (m)	візок (ч) для багажу	[wiˈzɔk dlʲa baɦaˈʒu]
passaporte (m)	паспорт (ч)	[ˈpasport]
visto (m)	віза (ж)	[ˈwiza]
bilhete (m)	квиток (ч)	[kwiˈtɔk]
bilhete (m) de avião	авіаквиток (ч)	[awiakwiˈtɔk]
guia (m) de viagem	путівник (ч)	[putiwˈnik]
mapa (m)	карта (ж)	[ˈkarta]
local (m), area (f)	місцевість (ж)	[misˈtsɛwistʲ]
lugar, sítio (m)	місце (с)	[ˈmistsɛ]
exotismo (m)	екзотика (ж)	[ɛkˈzɔtika]
exótico	екзотичний	[ɛkzoˈtitʃnij]
surpreendente	дивовижний	[ˈdiwowiʒnij]
grupo (m)	група (ж)	[ˈɦrupa]
excursão (f)	екскурсія (ж)	[ɛksˈkursiʲa]
guia (m)	екскурсовод (ч)	[ɛkskursoˈwɔd]

21. Hotel

Portuguese	Ukrainian	Pronunciation
hotel (m), pensão (f)	готель (ч)	[ɦoˈtɛlʲ]
motel (m)	мотель (ч)	[moˈtɛlʲ]
três estrelas	три зірки	[trɨ ˈzirkɨ]

cinco estrelas	п'ять зірок	[pʲlatʲ ziˈrɔk]
ficar (~ num hotel)	зупинитися	[zupiˈnitisʲa]

quarto (m)	номер (ч)	[ˈnɔmɛr]
quarto (m) individual	одномісний номер (ч)	[odnoˈmisnij nomɛr]
quarto (m) duplo	двомісний номер (ч)	[dwoˈmisnij ˈnɔmɛr]
reservar um quarto	бронювати номер	[bronʲuˈwati ˈnɔmɛr]

meia pensão (f)	напівпансіон (ч)	[napiwpansiˈɔn]
pensão (f) completa	повний пансіон (ч)	[ˈpɔwnij pansiˈɔn]

com banheira	з ванною	[z ˈwanoʲu]
com duche	з душем	[z ˈduʃɛm]
televisão (m) satélite	супутникове телебачення (с)	[suˈputnikowɛ tɛlɛˈbatʃɛnʲa]
ar (m) condicionado	кондиціонер (ч)	[kondiʦioˈnɛr]
toalha (f)	рушник (ч)	[ruʃˈnik]
chave (f)	ключ (ч)	[klʲutʃ]

administrador (m)	адміністратор (ч)	[admiˈnistrator]
camareira (f)	покоївка (ж)	[pokoˈjiwka]
bagageiro (m)	носильник (ч)	[noˈsilʲnik]
porteiro (m)	портьє (ч)	[porˈtʲɛ]

restaurante (m)	ресторан (ч)	[rɛstoˈran]
bar (m)	бар (ч)	[bar]
pequeno-almoço (m)	сніданок (ч)	[sniˈdanok]
jantar (m)	вечеря (ж)	[wɛˈtʃɛrʲa]
buffet (m)	шведський стіл (ч)	[ˈʃwɛdsʲkij stil]

hall (m) de entrada	вестибюль (ч)	[wɛstiˈbʲulʲ]
elevador (m)	ліфт (ч)	[lift]

NÃO PERTURBE	НЕ ТУРБУВАТИ	[nɛ turbuˈwati]
PROIBIDO FUMAR!	ПАЛИТИ ЗАБОРОНЕНО	[paˈliti zaboˈrɔnɛno]

22. Turismo

monumento (m)	пам'ятник (ч)	[ˈpamʲatnik]
fortaleza (f)	фортеця (ж)	[forˈtɛʦʲa]
palácio (m)	палац (ч)	[paˈlaʦ]
castelo (m)	замок (ч)	[ˈzamok]
torre (f)	вежа (ж)	[ˈwɛʒa]
mausoléu (m)	мавзолей (ч)	[mawzoˈlɛj]

arquitetura (f)	архітектура (ж)	[arhitɛkˈtura]
medieval	середньовічний	[sɛrɛdnʲoˈwitʃnij]
antigo	старовинний	[staroˈwinij]
nacional	національний	[naʦioˈnalʲnij]
conhecido	відомий	[wiˈdɔmij]

turista (m)	турист (ч)	[tuˈrist]
guia (pessoa)	гід (ч)	[ɦid]
excursão (f)	екскурсія (ж)	[ɛksˈkursiʲa]

mostrar (vt)	показувати	[po'kazuwati]
contar (vt)	розповідати	[rozpowi'dati]
encontrar (vt)	знайти	[znaj'ti]
perder-se (vr)	загубитися	[zaɦu'bitisʲa]
mapa (~ do metrô)	схема (ж)	['shɛma]
mapa (~ da cidade)	план (ч)	[plan]
lembrança (f), presente (m)	сувенір (ч)	[suwɛ'nir]
loja (f) de presentes	магазин (ч) сувенірів	[maɦa'zin suwɛ'niriw]
fotografar (vt)	фотографувати	[fotoɦrafu'wati]
fotografar-se	фотографуватися	[fotoɦrafu'watisʲa]

TRANSPORTES

23. Aeroporto

aeroporto (m)	аеропорт (ч)	[aɛro'pɔrt]
avião (m)	літак (ч)	[li'tak]
companhia (f) aérea	авіакомпанія (ж)	[awiakɔm'paniˈa]
controlador (m) de tráfego aéreo	авіадиспетчер (ч)	[awiadɨs'pɛʧɛr]

partida (f)	виліт (ч)	['wɨlit]
chegada (f)	приліт (ч), прибуття (c)	[pri'lit], [pribu'tˈa]
chegar (~ de avião)	прилетіти	[pri'lɛtiti]

| hora (f) de partida | час (ч) вильоту | [ʧas 'wɨlˈotu] |
| hora (f) de chegada | час (ч) прильоту | [ʧas priˈotu] |

| estar atrasado | затримуватися | [za'trimuwatisˈa] |
| atraso (m) de voo | затримка (ж) вильоту | [za'trimka 'wɨlˈotu] |

painel (m) de informação	інформаційне табло (c)	[informa'ʦijnɛ tab'lɔ]
informação (f)	інформація (ж)	[infor'matsiˈa]
anunciar (vt)	оголошувати	[oɦo'loʃuwati]
voo (m)	рейс (ч)	[rɛjs]

| alfândega (f) | митниця (ж) | ['mitnɨtsˈa] |
| funcionário (m) da alfândega | митник (ч) | ['mitnɨk] |

declaração (f) alfandegária	митна декларація (ж)	['mitna dɛkla'ratsiˈa]
preencher (vt)	заповнити	[za'pownɨti]
preencher a declaração	заповнити декларацію	[za'pownɨti dɛkla'ratsiˈu]
controlo (m) de passaportes	паспортний контроль (ч)	['pasportnɨj kon'trɔlˈ]

bagagem (f)	багаж (ч)	[ba'ɦaʒ]
bagagem (f) de mão	ручний вантаж (ж)	[ruʧ'nɨj wan'taʒ]
carrinho (m)	візок (ч) для багажу	[wi'zɔk dlˈa baɦa'ʒu]

aterragem (f)	посадка (ж)	[po'sadka]
pista (f) de aterragem	посадкова смуга (ж)	[po'sadkowa 'smuɦa]
aterrar (vi)	сідати	[si'dati]
escada (f) de avião	трап (ч)	[trap]

check-in (m)	реєстрація (ж)	[rɛɛ'stratsiˈa]
balcão (m) do check-in	стійка (ж) реєстрації	['stijka rɛɛ'stratsiji]
fazer o check-in	зареєструватися	[zarɛestru'watisˈa]
cartão (m) de embarque	посадковий талон (ч)	[po'sadkowij ta'lɔn]
porta (f) de embarque	вихід (ч)	['wɨhid]

| trânsito (m) | транзит (ч) | [tran'zit] |
| esperar (vi, vt) | чекати | [ʧɛ'kati] |

31

sala (f) de espera	зал (ч) очікування	['zal o'tʃikuwanʲa]
despedir-se de ...	проводжати	[prowo'dʒati]
despedir-se (vr)	прощатися	[pro'ɕatisʲa]

24. Avião

avião (m)	літак (ч)	[li'tak]
bilhete (m) de avião	авіаквиток (ч)	[awiakwɨ'tɔk]
companhia (f) aérea	авіакомпанія (ж)	[awiakom'paniʲa]
aeroporto (m)	аеропорт (ч)	[aɛro'pɔrt]
supersónico	надзвуковий	[nadzwuko'wɨj]
comandante (m) do avião	командир (ч) корабля	[koman'dir korab'lʲa]
tripulação (f)	екіпаж (ч)	[ɛki'paʒ]
piloto (m)	пілот (ч)	[pi'lot]
hospedeira (f) de bordo	стюардеса (ж)	[stʲuar'dɛsa]
copiloto (m)	штурман (ч)	['ʃturman]
asas (f pl)	крила (мн)	['krɨɫa]
cauda (f)	хвіст (ч)	[hwist]
cabine (f) de pilotagem	кабіна (ж)	[ka'bina]
motor (m)	двигун (ч)	[dwɨ'ɦun]
trem (m) de aterragem	шасі (с)	[ʃa'si]
turbina (f)	турбіна (ж)	[tur'bina]
hélice (f)	пропелер (ч)	[pro'pɛlɛr]
caixa-preta (f)	чорна скринька (ж)	['tʃorna 'skrinʲka]
coluna (f) de controlo	штурвал (ч)	[ʃtur'waɫ]
combustível (m)	пальне (с)	[palʲ'nɛ]
instruções (f pl) de segurança	інструкція (ж) з безпеки	[in'struktsiʲa z bɛz'pɛki]
máscara (f) de oxigénio	киснева маска (ж)	['kisnɛwa 'maska]
uniforme (m)	уніформа (ж)	[uni'fɔrma]
colete (m) salva-vidas	рятувальний жилет (ч)	[rʲatu'walʲnɨj ʒɨ'lɛt]
paraquedas (m)	парашут (ч)	[para'ʃut]
descolagem (f)	зліт (ч)	[zlit]
descolar (vi)	злітати	[zli'tati]
pista (f) de descolagem	злітна смуга (ж)	['zlitna 'smuɦa]
visibilidade (f)	видимість (ж)	['wɨdɨmistʲ]
voo (m)	політ (ч)	[po'lit]
altura (f)	висота (ж)	[wɨso'ta]
poço (m) de ar	повітряна яма (ж)	[po'witrʲana 'jama]
assento (m)	місце (с)	['mistsɛ]
auscultadores (m pl)	навушники (мн)	[na'wuʃniki]
mesa (f) rebatível	відкидний столик (ч)	[widkid'nɨj 'stɔlik]
vigia (f)	ілюмінатор (ч)	[ilʲumi'nator]
passagem (f)	прохід (ч)	[pro'hid]

25. Comboio

comboio (m)	поїзд (ч)	['pojizd]
comboio (m) suburbano	електропоїзд (ч)	[ɛlɛktro'pojizd]
comboio (m) rápido	швидкий поїзд (ч)	[ʃwid'kij 'pojizd]
locomotiva (f) diesel	тепловоз (ч)	[tɛplo'wɔz]
locomotiva (f) a vapor	паровоз (ч)	[paro'wɔz]
carruagem (f)	вагон (ч)	[wa'hɔn]
carruagem restaurante (f)	вагон-ресторан (ч)	[wa'hɔn rɛsto'ran]
carris (m pl)	рейки (мн)	['rɛjki]
caminho de ferro (m)	залізниця (ж)	[zaliz'nitsʲa]
travessa (f)	шпала (ж)	['ʃpala]
plataforma (f)	платформа (ж)	[plat'fɔrma]
linha (f)	колія (ж)	['kɔliʲa]
semáforo (m)	семафор (ч)	[sɛma'fɔr]
estação (f)	станція (ж)	['stantsiʲa]
maquinista (m)	машиніст (ч)	[maʃi'nist]
bagageiro (m)	носильник (ч)	[no'silʲnik]
hospedeiro, -a (da carruagem)	провідник (ч)	[prowid'nik]
passageiro (m)	пасажир (ч)	[pasa'ʒir]
revisor (m)	контролер (ч)	[kontro'lɛr]
corredor (m)	коридор (ч)	[kori'dɔr]
freio (m) de emergência	стоп-кран (ч)	[stop kran]
compartimento (m)	купе (с)	[ku'pɛ]
cama (f)	полиця (ж)	[po'litsʲa]
cama (f) de cima	полиця (ж) верхня	[po'litsʲa 'wɛrhnʲa]
cama (f) de baixo	полиця (ж) нижня	[po'litsʲa 'niʒnʲa]
roupa (f) de cama	білизна (ж)	[bi'lizna]
bilhete (m)	квиток (ч)	[kwi'tɔk]
horário (m)	розклад (ч)	['rɔzklad]
painel (m) de informação	табло (с)	[tab'lɔ]
partir (vt)	від'їжджати	[wid'jiz'zati]
partida (f)	відправлення (с)	[wid'prawlɛnʲa]
chegar (vi)	прибувати	[pribu'wati]
chegada (f)	прибуття (с)	[pribut'tʲa]
chegar de comboio	приїхати поїздом	[pri'jihati 'pojizdom]
apanhar o comboio	сісти на поїзд	['sisti na 'pojizd]
sair do comboio	зійти з поїзду	[zij'ti z 'pojizdu]
acidente (m) ferroviário	катастрофа (ж)	[kata'strɔfa]
descarrilar (vi)	зійти з рейок	[zij'ti z 'rɛjok]
locomotiva (f) a vapor	паровоз (ч)	[paro'wɔz]
fogueiro (m)	кочегар (ч)	[kuʧɛ'hɑr]
fornalha (f)	топка (ж)	['tɔpka]
carvão (m)	вугілля (с)	[wu'hilʲa]

26. Barco

navio (m)	корабель (ч)	[kora'bɛlʲ]
embarcação (f)	судно (c)	['sudno]
vapor (m)	пароплав (ч)	[paro'plaw]
navio (m)	теплохід (ч)	[tɛplo'hid]
transatlântico (m)	лайнер (ч)	['lajnɛr]
cruzador (m)	крейсер (ч)	['krɛjsɛr]
iate (m)	яхта (ж)	['ʲahta]
rebocador (m)	буксир (ч)	[buk'sir]
barcaça (f)	баржа (ж)	['barʒa]
ferry (m)	паром (ч)	[pa'rɔm]
veleiro (m)	вітрильник (ч)	[wi'trilʲnik]
bergantim (m)	бригантина (ж)	[briɦan'tina]
quebra-gelo (m)	криголам (ч)	[kriɦo'lam]
submarino (m)	підводний човен (ч)	[pid'wɔdnij 'ʧɔwɛn]
bote, barco (m)	човен (ч)	['ʧɔwɛn]
bote, dingue (m)	шлюпка (ж)	['ʃlʲupka]
bote (m) salva-vidas	шлюпка (ж) рятувальна	['ʃlʲupka rʲatu'walʲna]
lancha (f)	катер (ч)	['katɛr]
capitão (m)	капітан (ч)	[kapi'tan]
marinheiro (m)	матрос (ч)	[mat'rɔs]
marujo (m)	моряк (ч)	[mo'rʲak]
tripulação (f)	екіпаж (ч)	[ɛki'paʒ]
contramestre (m)	боцман (ч)	['bɔʦman]
grumete (m)	юнга (ч)	['ʲunɦa]
cozinheiro (m) de bordo	кок (ч)	[kok]
médico (m) de bordo	судновий лікар (ч)	['sudnowij 'likar]
convés (m)	палуба (ж)	['paluba]
mastro (m)	щогла (ж)	['ɕoɦla]
vela (f)	вітрило (c)	[wi'trilo]
porão (m)	трюм (ч)	[trʲum]
proa (f)	ніс (ч)	[nis]
popa (f)	корма (ж)	[kor'ma]
remo (m)	весло (c)	[wɛs'lɔ]
hélice (f)	гвинт (ч)	[ɦwint]
camarote (m)	каюта (ж)	[ka'ʲuta]
sala (f) dos oficiais	кают-компанія (ж)	[ka'ʲut kom'paniʲa]
sala (f) das máquinas	машинне відділення (c)	[ma'ʃinɛ wid'dilɛnʲa]
ponte (m) de comando	капітанський місток (ч)	[kapi'tansʲkij mis'tɔk]
sala (f) de comunicações	радіорубка (ж)	[radio'rubka]
onda (f) de rádio	хвиля (ж)	['hwilʲa]
diário (m) de bordo	судновий журнал (ч)	['sudnowij ʒur'nal]
luneta (f)	підзорна труба (ж)	[pi'dzɔrna tru'ba]
sino (m)	дзвін (ч)	[dzwin]

bandeira (f)	прапор (ч)	['prapor]
cabo (m)	канат (ч)	[ka'nat]
nó (m)	вузол (ч)	['wuzol]

| corrimão (m) | поручень (ч) | ['pɔrutʃɛnʲ] |
| prancha (f) de embarque | трап (ч) | [trap] |

âncora (f)	якір (ч)	['ʲakir]
recolher a âncora	підняти якір	[pid'nʲatɨ 'jakir]
lançar a âncora	кинути якір	['kɨnutɨ 'jakir]
amarra (f)	якірний ланцюг (ч)	['ʲakirnɨj lan'tsʲuɦ]

porto (m)	порт (ч)	[port]
cais, amarradouro (m)	причал (ч)	[pri'tʃal]
atracar (vi)	причалювати	[pri'tʃalʲuwatɨ]
desatracar (vi)	відчалювати	[wid'tʃalʲuwatɨ]

viagem (f)	подорож (ж)	['pɔdorɔʒ]
cruzeiro (m)	круїз (ч)	[kru'jiz]
rumo (m), rota (f)	курс (ч)	[kurs]
itinerário (m)	маршрут (ч)	[marʃ'rut]

canal (m) navegável	фарватер (ч)	[far'watɛr]
banco (m) de areia	мілина (ж)	[mili'na]
encalhar (vt)	сісти на мілину	['sistɨ na mili'nu]

tempestade (f)	буря (ж)	['burʲa]
sinal (m)	сигнал (ч)	[siɦ'nal]
afundar-se (vr)	тонути	[to'nutɨ]
Homem ao mar!	Людина за бортом!	[lʲu'dina za 'bɔrtom!]
SOS	SOS	[sos]
boia (f) salva-vidas	рятувальний круг (ч)	[rʲatu'walʲnɨj 'kruɦ]

CIDADE

autocarro (m)	автобус (ч)	[aw'tɔbus]
elétrico (m)	трамвай (ч)	[tram'waj]
troleicarro (m)	тролейбус (ч)	[tro'lɛjbus]
itinerário (m)	маршрут (ч)	[marʃ'rut]
número (m)	номер (ч)	['nɔmɛr]

ir de ... (carro, etc.)	їхати на...	['jihati na]
entrar (~ no autocarro)	сісти	['sisti]
descer de ...	вийти	['wijti]

paragem (f)	зупинка (ж)	[zu'pinka]
próxima paragem (f)	наступна зупинка (ж)	[na'stupna zu'pinka]
ponto (m) final	кінцева зупинка (ж)	[kin'tsɛwa zu'pinka]
horário (m)	розклад (ч)	['rɔzklad]
esperar (vt)	чекати	[tʃɛ'kati]

| bilhete (m) | квиток (ч) | [kwi'tɔk] |
| custo (m) do bilhete | вартість (ж) квитка | ['wartistʲ kwit'ka] |

bilheteiro (m)	касир (ч)	[ka'sir]
controlo (m) dos bilhetes	контроль (ч)	[kon'trɔlʲ]
revisor (m)	контролер (ч)	[kontro'lɛr]

atrasar-se (vr)	запізнюватися	[za'piznʲuwatisʲa]
perder (o autocarro, etc.)	спізнитися	[spiz'nitisʲa]
estar com pressa	поспішати	[pospi'ʃati]

táxi (m)	таксі (c)	[tak'si]
taxista (m)	таксист (ч)	[tak'sist]
de táxi (ir ~)	на таксі	[na tak'si]
praça (f) de táxis	стоянка таксі	[sto'ʲanka tak'si]
chamar um táxi	викликати таксі	['wiklikati tak'si]
apanhar um táxi	взяти таксі	['wzʲati tak'si]

tráfego (m)	вуличний рух (ч)	['wulitʃnij ruh]
engarrafamento (m)	затор (ч)	[za'tɔr]
horas (f pl) de ponta	години (мн) пік	[ɦo'dini pik]
estacionar (vi)	паркуватися	[parku'watisʲa]
estacionar (vt)	паркувати	[parku'wati]
parque (m) de estacionamento	стоянка (ж)	[sto'ʲanka]

metro (m)	метро (c)	[mɛt'rɔ]
estação (f)	станція (ж)	['stantsiʲa]
ir de metro	їхати в метро	['jihati w mɛt'rɔ]
comboio (m)	поїзд (ч)	['pɔjizd]
estação (f)	вокзал (ч)	[wok'zal]

28. Cidade. Vida na cidade

cidade (f)	місто (c)	['misto]
capital (f)	столиця (ж)	[sto'litsʲa]
aldeia (f)	село (c)	[sɛ'lɔ]
mapa (m) da cidade	план (ч) міста	[plan 'mista]
centro (m) da cidade	центр (ч) міста	[tsɛntr 'mista]
subúrbio (m)	передмістя (c)	[pɛrɛd'mistʲa]
suburbano	примíський	[primisʲ'kij]
periferia (f)	околиця (ж)	[o'kɔlitsʲa]
arredores (m pl)	околиці (мн)	[o'kɔlitsi]
quarteirão (m)	квартал (ч)	[kwar'tal]
quarteirão (m) residencial	житловий квартал (ч)	[ʒitlo'wij kwar'tal]
tráfego (m)	вуличний рух (ч)	['wulitʃnij ruh]
semáforo (m)	світлофор (ч)	[switlo'fɔr]
transporte (m) público	міський транспорт (ч)	[misʲ'kij 'transport]
cruzamento (m)	перехрестя (c)	[pɛrɛh'rɛstʲa]
passadeira (f)	пішохідний перехід (ч)	[piʃo'hidnij pɛrɛ'hid]
passagem (f) subterrânea	підземний перехід (ч)	[pi'dzɛmnij pɛrɛ'hid]
cruzar, atravessar (vt)	переходити	[pɛrɛ'hɔditi]
peão (m)	пішохід (ч)	[piʃo'hid]
passeio (m)	тротуар (ч)	[trotu'ar]
ponte (f)	міст (ч)	[mist]
margem (f) do rio	набережна (ж)	['nabɛrɛʒna]
fonte (f)	фонтан (ч)	[fon'tan]
alameda (f)	алея (ж)	[a'lɛʲa]
parque (m)	парк (ч)	[park]
bulevar (m)	бульвар (ч)	[bulʲ'war]
praça (f)	площа (ж)	['plɔɕa]
avenida (f)	проспект (ч)	[pros'pɛkt]
rua (f)	вулиця (ж)	['wulitsʲa]
travessa (f)	провулок (ч)	[pro'wulok]
beco (m) sem saída	глухий кут (ч)	[ɦlu'hij kut]
casa (f)	будинок (ч)	[bu'dinok]
edifício, prédio (m)	споруда (ж)	[spo'ruda]
arranha-céus (m)	хмарочос (ч)	[hmaro'tʃɔs]
fachada (f)	фасад (ч)	[fa'sad]
telhado (m)	дах (ч)	[dah]
janela (f)	вікно (c)	[wik'nɔ]
arco (m)	арка (ж)	['arka]
coluna (f)	колона (ж)	[ko'lɔna]
esquina (f)	ріг (ч)	[riɦ]
montra (f)	вітрина (ж)	[wi'trina]
letreiro (m)	вивіска (ж)	['wiwiska]
cartaz (m)	афіша (ж)	[a'fiʃa]
cartaz (m) publicitário	рекламний плакат (ч)	[rɛk'lamnij pla'kat]

painel (m) publicitário	рекламний щит (ч)	[rɛkˈlamnij ɕit]
lixo (m)	сміття (с)	[smitˈtʲa]
cesta (f) do lixo	урна (ж)	[ˈurna]
jogar lixo na rua	смітити	[smiˈtɨti]
aterro (m) sanitário	смітник (ч)	[smitˈnɨk]

cabine (f) telefónica	телефонна будка (ж)	[tɛlɛˈfɔna ˈbudka]
candeeiro (m) de rua	ліхтарний стовп (ч)	[lihˈtarnij stowp]
banco (m)	лавка (ж)	[ˈlawka]

polícia (m)	поліцейський (ч)	[poliˈʦɛjsʲkij]
polícia (instituição)	поліція (ж)	[poˈliʦiʲa]
mendigo (m)	жебрак (ч)	[ʒɛbˈrak]
sem-abrigo (m)	безпритульний (ч)	[bɛzpriˈtulʲnij]

29. Instituições urbanas

loja (f)	магазин (ч)	[maɦaˈzin]
farmácia (f)	аптека (ж)	[apˈtɛka]
ótica (f)	оптика (ж)	[ˈɔptika]
centro (m) comercial	торгівельний центр (ч)	[torɦiˈwɛlʲnij ˈʦɛntr]
supermercado (m)	супермаркет (ч)	[supɛrˈmarkɛt]

padaria (f)	пекарня (ж)	[pɛˈkarnʲa]
padeiro (m)	пекар (ч)	[ˈpɛkar]
pastelaria (f)	кондитерська (ж)	[konˈditɛrsʲka]
mercearia (f)	бакалія (ж)	[bakaˈliʲa]
talho (m)	м'ясний магазин (ч)	[mʲasˈnij maɦaˈzin]

| loja (f) de legumes | овочевий магазин (ч) | [owoˈʧɛwij maɦaˈzin] |
| mercado (m) | ринок (ч) | [ˈrinok] |

café (m)	кав'ярня (ж)	[kaˈwʲarnʲa]
restaurante (m)	ресторан (ч)	[rɛstoˈran]
bar (m) cervejaria (f)	пивна (ж)	[niw'na]
pizzaria (f)	піцерія (ж)	[piʦɛˈriʲa]

salão (m) de cabeleireiro	перукарня (ж)	[pɛruˈkarnʲa]
correios (m pl)	пошта (ж)	[ˈpɔʃta]
lavandaria (f)	хімчистка (ж)	[himˈʧistka]
estúdio (m) fotográfico	фотоательє (с)	[fotoatɛˈljɛ]

sapataria (f)	взуттєвий магазин (ч)	[wzutˈtɛwij maɦaˈzin]
livraria (f)	книгарня (ж)	[kniˈɦarnʲa]
loja (f) de artigos de desporto	спортивний магазин (ч)	[sporˈtiwnij maɦaˈzin]

reparação (f) de roupa	ремонт (ч) одягу	[rɛˈmɔnt ˈɔdʲaɦu]
aluguer (m) de roupa	прокат (ч) одягу	[proˈkat ˈɔdʲaɦu]
aluguer (m) de filmes	прокат (ч) фільмів	[proˈkat ˈfilʲmiw]

circo (m)	цирк (ч)	[ʦirk]
jardim (m) zoológico	зоопарк (ч)	[zooˈpark]
cinema (m)	кінотеатр (ч)	[kinotɛˈatr]
museu (m)	музей (ч)	[muˈzɛj]

biblioteca (f)	бібліотека (ж)	[biblio'tɛka]
teatro (m)	театр (ч)	[tɛ'atr]
ópera (f)	опера (ж)	['ɔpɛra]
clube (m) noturno	нічний клуб (ч)	[nitʃ'nij klub]
casino (m)	казино (с)	[kazi'nɔ]

mesquita (f)	мечеть (ж)	[mɛ'tʃɛtʲ]
sinagoga (f)	синагога (ж)	[sɨna'hɔɦa]
catedral (f)	собор (ч)	[so'bɔr]
templo (m)	храм (ч)	[hram]
igreja (f)	церква (ж)	['tsɛrkwa]

instituto (m)	інститут (ч)	[insti'tut]
universidade (f)	університет (ч)	[uniwɛrsi'tɛt]
escola (f)	школа (ж)	['ʃkɔla]

prefeitura (f)	префектура (ж)	[prɛfɛk'tura]
câmara (f) municipal	мерія (ж)	['mɛrʲia]
hotel (m)	готель (ч)	[ɦo'tɛlʲ]
banco (m)	банк (ч)	[bank]

embaixada (f)	посольство (с)	[po'sɔlʲstwo]
agência (f) de viagens	турагентство (с)	[tura'ɦɛntstwo]
agência (f) de informações	довідкове бюро (с)	[dowid'kɔwɛ bʲu'rɔ]
casa (f) de câmbio	обмінний пункт (ч)	[ob'minij punkt]

metro (m)	метро (с)	[mɛt'rɔ]
hospital (m)	лікарня (ж)	[li'karnʲa]

posto (m) de gasolina	автозаправка (ж)	[awtoza'prawka]
parque (m) de estacionamento	автостоянка (ж)	[awtostoʲanka]

30. Sinais

letreiro (m)	вивіска (ж)	['wiwiska]
inscrição (f)	напис (ч)	['napis]
cartaz, póster (m)	плакат (ч)	[pla'kat]
sinal (m) informativo	вказівник (ч)	[wkaziw'nik]
seta (f)	стрілка (ж)	['strilka]

aviso (advertência)	застереження (с)	[zastɛ'rɛʒɛnʲa]
sinal (m) de aviso	попередження (с)	[popɛ'rɛdʒɛnʲa]
avisar, advertir (vt)	попереджувати	[popɛ'rɛdʒuwati]

dia (m) de folga	вихідний день (ч)	[wihid'nij dɛnʲ]
horário (m)	розклад (ч)	['rɔzklad]
horário (m) de funcionamento	години (мн) роботи	[ɦo'dini ro'bɔti]

BEM-VINDOS!	ЛАСКАВО ПРОСИМО!	[las'kawo 'prɔsimo]
ENTRADA	ВХІД	[whid]
SAÍDA	ВИХІД	['wihid]

EMPURRE	ВІД СЕБЕ	[wid 'sɛbɛ]
PUXE	ДО СЕБЕ	[do 'sɛbɛ]

| ABERTO | ВІДЧИНЕНО | [wid'ʧinɛno] |
| FECHADO | ЗАЧИНЕНО | [za'ʧinɛno] |

| MULHER | ДЛЯ ЖІНОК | [dlʲa ʒi'nɔk] |
| HOMEM | ДЛЯ ЧОЛОВІКІВ | [dlʲa ʧolowi'kiw] |

DESCONTOS	ЗНИЖКИ	['zniʒki]
SALDOS	РОЗПРОДАЖ	[rozp'rodaʒ]
NOVIDADE!	НОВИНКА!	[no'winka]
GRÁTIS	БЕЗКОШТОВНО	[bɛzkoʃ'towno]

ATENÇÃO!	УВАГА!	[u'waɦa]
NÃO HÁ VAGAS	МІСЦЬ НЕМАЄ	[mists nɛ'maɛ]
RESERVADO	ЗАРЕЗЕРВОВАНО	[zarɛzɛr'wowano]

| ADMINISTRAÇÃO | АДМІНІСТРАЦІЯ | [admini'stratsʲia] |
| SOMENTE PESSOAL AUTORIZADO | ТІЛЬКИ ДЛЯ ПЕРСОНАЛУ | ['tilʲki dlʲa pɛrso'nalu] |

CUIDADO CÃO FEROZ	ОБЕРЕЖНО! ЗЛИЙ ПЕС	[obɛ'rɛʒno! zlij pɛs]
PROIBIDO FUMAR!	ПАЛИТИ ЗАБОРОНЕНО	[pa'liti zabo'ronɛno]
NÃO TOCAR	НЕ ТОРКАТИСЯ!	[nɛ tor'katisʲa]

PERIGOSO	НЕБЕЗПЕЧНО	[nɛbɛz'pɛʧno]
PERIGO	НЕБЕЗПЕКА	[nɛbɛz'pɛka]
ALTA TENSÃO	ВИСОКА НАПРУГА	[wi'sɔka na'pruɦa]
PROIBIDO NADAR	КУПАТИСЯ ЗАБОРОНЕНО	[ku'patisʲa zabo'ronɛno]
AVARIADO	НЕ ПРАЦЮЄ	[nɛ pra'tsʲuɛ]

INFLAMÁVEL	ВОГНЕНЕБЕЗПЕЧНО	[woɦnɛnɛbɛz'pɛʧno]
PROIBIDO	ЗАБОРОНЕНО	[zabo'ronɛno]
ENTRADA PROIBIDA	ПРОХІД ЗАБОРОНЕНО	[pro'hid zabo'ronɛno]
CUIDADO TINTA FRESCA	ПОФАРБОВАНО	[pofar'bowano]

31. Compras

comprar (vt)	купляти	[kup'lʲati]
compra (f)	покупка (ж)	[po'kupka]
fazer compras	робити покупки	[ro'biti po'kupki]
compras (f pl)	шопінг (ч)	['ʃopinɦ]

| estar aberta (loja, etc.) | працювати | [pratsʲu'wati] |
| estar fechada | зачинитися | [zaʧi'nitisʲa] |

calçado (m)	взуття (с)	[wzut'tʲa]
roupa (f)	одяг (ч)	['ɔdʲaɦ]
cosméticos (m pl)	косметика (ж)	[kos'mɛtika]
alimentos (m pl)	продукти (мн)	[pro'dukti]
presente (m)	подарунок (ч)	[poda'runok]

vendedor (m)	продавець (ч)	[proda'wɛts]
vendedora (f)	продавщиця (ж)	[prodaw'ʨitsʲa]
caixa (f)	каса (ж)	['kasa]
espelho (m)	дзеркало (с)	['dzɛrkalo]

| balcão (m) | прилавок (ч) | [pri'lawok] |
| cabine (f) de provas | примірочна (ж) | [pri'mirotʃna] |

provar (vt)	приміряти	[pri'mirʲati]
servir (vi)	пасувати	[pasu'wati]
gostar (apreciar)	подобатися	[po'dɔbatisʲa]

preço (m)	ціна (ж)	[tsi'na]
etiqueta (f) de preço	цінник (ч)	['tsinik]
custar (vt)	коштувати	['koʃtuwati]
Quanto?	Скільки?	['skilʲki]
desconto (m)	знижка (ж)	['zniʒka]

não caro	недорогий	[nɛdoro'ɦij]
barato	дешевий	[dɛ'ʃɛwij]
caro	дорогий	[doro'ɦij]
É caro	Це дорого.	[tsɛ 'dɔroɦo]

aluguer (m)	прокат (ч)	[pro'kat]
alugar (vestidos, etc.)	взяти напрокат	['wzʲati napro'kat]
crédito (m)	кредит (ч)	[krɛ'dit]
a crédito	в кредит	[w krɛ'dit]

VESTUÁRIO & ACESSÓRIOS

32. Roupa exterior. Casacos

roupa (f)	одяг (ч)	['ɔdʲaɦ]
roupa (f) exterior	верхній одяг (ч)	['wɛrhnij 'ɔdʲaɦ]
roupa (f) de inverno	зимовий одяг (ч)	[zi'mɔwij 'ɔdʲaɦ]
sobretudo (m)	пальто (с)	[palʲ'tɔ]
casaco (m) de peles	шуба (ж)	['ʃuba]
casaco curto (m) de peles	кожушок (ч)	[koʒu'ʃɔk]
casaco (m) acolchoado	пуховик (ч)	[puho'wik]
casaco, blusão (m)	куртка (ж)	['kurtka]
impermeável (m)	плащ (ч)	[plaɕ]
impermeável	непромокальний	[nɛpromo'kalʲnij]

33. Vestuário de homem & mulher

camisa (f)	сорочка (ж)	[so'rɔtʃka]
calças (f pl)	штани (мн)	[ʃta'ni]
calças (f pl) de ganga	джинси (мн)	['dʒinsi]
casaco (m) de fato	піджак (ч)	[pi'dʒak]
fato (m)	костюм (ч)	[kos'tʲum]
vestido (ex. ~ vermelho)	сукня (ж)	['suknʲa]
saia (f)	спідниця (ж)	[spid'nitsʲa]
blusa (f)	блузка (ж)	['bluzka]
casaco (m) de malha	кофта (ж)	['kɔfta]
casaco, blazer (m)	жакет (ч)	[ʒa'kɛt]
T-shirt, camiseta (f)	футболка (ж)	[fut'bɔlka]
calções (Bermudas, etc.)	шорти (мн)	['ʃɔrti]
fato (m) de treino	спортивний костюм (ч)	[spor'tiwnij kos'tʲum]
roupão (m) de banho	халат (ч)	[ha'lat]
pijama (m)	піжама (ж)	[pi'ʒama]
suéter (m)	светр (ч)	[swɛtr]
pulôver (m)	пуловер (ч)	[pulo'wɛr]
colete (m)	жилет (ч)	[ʒi'lɛt]
fraque (m)	фрак (ч)	[frak]
smoking (m)	смокінг (ч)	['smɔkinɦ]
uniforme (m)	форма (ж)	['fɔrma]
roupa (f) de trabalho	робочий одяг (ч)	[ro'bɔtʃij 'ɔdʲaɦ]
fato-macaco (m)	комбінезон (ч)	[kombinɛ'zɔn]
bata (~ branca, etc.)	халат (ч)	[ha'lat]

34. Vestuário. Roupa interior

roupa (f) interior	білизна (ж)	[bi'lizna]
cuecas boxer (f pl)	труси (мн)	[tru'si]
cuecas (f pl)	жіноча білизна	[ʒi'nɔtʃa biliz'na]
camisola (f) interior	майка (ж)	['majka]
peúgas (f pl)	шкарпетки (мн)	[ʃkar'pɛtki]
camisa (f) de noite	нічна сорочка (ж)	[nitʃ'na so'rɔtʃka]
sutiã (m)	бюстгальтер (ч)	[bʲust'ɦalʲtɛr]
meias longas (f pl)	гольфи (мн)	['ɦɔlʲfi]
meia-calça (f)	колготки (мн)	[kol'ɦɔtki]
meias (f pl)	панчохи (мн)	[pan'tʃɔhi]
fato (m) de banho	купальник (ч)	[ku'palʲnik]

35. Adereços de cabeça

chapéu (m)	шапка (ж)	['ʃapka]
chapéu (m) de feltro	капелюх (ч)	[kapɛ'lʲuh]
boné (m) de beisebol	бейсболка (ж)	[bɛjs'bɔlka]
boné (m)	кашкет (ч)	[kaʃ'kɛt]
boina (f)	берет (ч)	[bɛ'rɛt]
capuz (m)	каптур (ч)	[kap'tur]
panamá (m)	панама (ж)	[pa'namka]
gorro (m) de malha	в'язана шапочка (ж)	['wʲazana 'ʃapotʃka]
lenço (m)	хустка (ж)	['hustka]
chapéu (m) de mulher	капелюшок (ч)	[kapɛ'lʲuʃok]
capacete (m) de proteção	каска (ж)	['kaska]
bibico (m)	пілотка (ж)	[pi'lɔtka]
capacete (m)	шолом (ч)	[ʃo'lɔm]
chapéu-coco (m)	котелок (ч)	[kotɛ'lɔk]
chapéu (m) alto	циліндр (ч)	[tsi'lindr]

36. Calçado

calçado (m)	взуття (с)	[wzut'tʲa]
botinas (f pl)	черевики (мн)	[tʃɛrɛ'wiki]
sapatos (de salto alto, etc.)	туфлі (мн)	['tufli]
botas (f pl)	чоботи (мн)	['tʃɔboti]
pantufas (f pl)	капці (мн)	['kaptsi]
ténis (m pl)	кросівки (мн)	[kro'siwki]
sapatilhas (f pl)	кеди (мн)	['kɛdi]
sandálias (f pl)	сандалі (мн)	[san'dali]
sapateiro (m)	чоботар (ч)	[tʃobo'tar]
salto (m)	каблук (ч)	[kab'luk]

par (m)	пара (ж)	['para]
atacador (m)	шнурок (ч)	[ʃnu'rɔk]
apertar os atacadores	шнурувати	[ʃnuru'watⁱ]
calçadeira (f)	ріжок (ч) для взуття	[ri'ʒɔk dlʲa wzu'tʲa]
graxa (f) para calçado	крем (ч) для взуття	[krɛm dlʲa wzut'tʲa]

37. Acessórios pessoais

luvas (f pl)	рукавички (мн)	[ruka'witʃki]
mitenes (f pl)	рукавиці (мн)	[ruka'witsi]
cachecol (m)	шарф (ч)	[ʃarf]

óculos (m pl)	окуляри (мн)	[oku'lʲari]
armação (f) de óculos	оправа (ж)	[op'rawa]
guarda-chuva (m)	парасолька (ж)	[para'sɔlʲka]
bengala (f)	ціпок (ч)	[tsi'pɔk]
escova (f) para o cabelo	щітка (ж) для волосся	['ɕitka dlʲa wo'lɔssʲa]
leque (m)	віяло (с)	['wiʲalo]

gravata (f)	краватка (ж)	[kra'watka]
gravata-borboleta (f)	краватка-метелик (ж)	[kra'watka mɛ'tɛlik]
suspensórios (m pl)	підтяжки (мн)	[pid'tʲaʒki]
lenço (m)	носовичок (ч)	[nosowⁱ'tʃɔk]

pente (m)	гребінець (ч)	[ɦrɛbi'nɛts]
travessão (m)	заколка (ж)	[za'kɔlka]
gancho (m) de cabelo	шпилька (ж)	['ʃpilʲka]
fivela (f)	пряжка (ж)	['prʲaʒka]

| cinto (m) | ремінь (ч) | ['rɛminⁱ] |
| correia (f) | ремінь (ч) | ['rɛminⁱ] |

mala (f)	сумка (ж)	['sumka]
mala (f) de senhora	сумочка (ж)	['sumotʃka]
mochila (f)	рюкзак (ч)	[rʲuk'zak]

38. Vestuário. Diversos

moda (f)	мода (ж)	['mɔda]
na moda	модний	['mɔdnij]
estilista (m)	модельєр (ч)	[modɛ'lʲɛr]

colarinho (m), gola (f)	комір (ч)	['kɔmir]
bolso (m)	кишеня (ж)	[ki'ʃɛnʲa]
de bolso	кишеньковий	[kiʃɛnʲ'kɔwij]
manga (f)	рукав (ч)	[ru'kaw]
alcinha (f)	петля (ж)	[pɛt'lʲa]
braguilha (f)	ширинка (ж)	[ʃi'rinka]

fecho (m) de correr	блискавка (ж)	['bliskawka]
fecho (m), colchete (m)	застібка (ж)	['zastibka]
botão (m)	ґудзик (ч)	['gudzik]

| casa (f) de botão | петля (ж) | [pɛt'lʲa] |
| soltar-se (vr) | відірватися | [widir'watisʲa] |

coser, costurar (vi)	шити	['ʃiti]
bordar (vt)	вишивати	[wiʃi'wati]
bordado (m)	вишивка (ж)	['wiʃiwka]
agulha (f)	голка (ж)	['ɦɔlka]
fio (m)	нитка (ж)	['nitka]
costura (f)	шов (ч)	[ʃow]

sujar-se (vr)	забруднитися	[zabrud'nitisʲa]
mancha (f)	пляма (ж)	['plʲama]
engelhar-se (vr)	зім'ятися	[zi'mʲʲatisʲa]
rasgar (vt)	порвати	[por'wati]
traça (f)	міль (ж)	[milʲ]

39. Cuidados pessoais. Cosméticos

pasta (f) de dentes	зубна паста (ж)	[zub'na 'pasta]
escova (f) de dentes	зубна щітка (ж)	[zub'na 'ɕitka]
escovar os dentes	чистити зуби	['tʃistiti 'zubi]

máquina (f) de barbear	бритва (ж)	['britwa]
creme (m) de barbear	крем (ч) для гоління	[krɛm dlʲa ɦo'linʲa]
barbear-se (vr)	голитися	[ɦo'litisʲa]

| sabonete (m) | мило (с) | ['miɫo] |
| champô (m) | шампунь (ч) | [ʃam'punʲ] |

tesoura (f)	ножиці (мн)	['nɔʒitsi]
lima (f) de unhas	пилочка (ж) для нігтів	['piɫotʃka dlʲa 'niɦtiw]
corta-unhas (m)	щипчики (мн)	['ɕiptʃiki]
pinça (f)	пінцет (ч)	[pin'tsɛt]

cosméticos (m pl)	косметика (ж)	[kos'mɛtika]
máscara (f) facial	маска (ж)	['maska]
manicura (f)	манікюр (ч)	[mani'kʲur]
fazer a manicura	робити манікюр	[ro'biti mani'kʲur]
pedicure (f)	педикюр (ч)	[pɛdi'kʲur]

mala (f) de maquilhagem	косметичка (ж)	[kosmɛ'titʃka]
pó (m)	пудра (ж)	['pudra]
caixa (f) de pó	пудрениця (ж)	['pudrɛnitsʲa]
blush (m)	рум'яна (мн)	[ru'mʲʲana]

perfume (m)	парфуми (мн)	[par'fumi]
água (f) de toilette	туалетна вода (ж)	[tua'lɛtna wo'da]
loção (f)	лосьйон (ч)	[lo'sjon]
água-de-colónia (f)	одеколон (ч)	[odɛko'lɔn]

sombra (f) de olhos	тіні (мн) для повік	['tini dlʲa po'wik]
lápis (m) delineador	олівець (ч) для очей	[oli'wɛts dlʲa o'tʃɛj]
máscara (f), rímel (m)	туш (ж)	[tuʃ]
batom (m)	губна помада (ж)	[ɦub'na po'mada]

verniz (m) de unhas	лак (ч) для нігтів	[lak dlʲa 'niɦtiw]
laca (f) para cabelos	лак (ч) для волосся	[lak dlʲa wo'lɔssʲa]
desodorizante (m)	дезодорант (ч)	[dɛzodo'rant]

creme (m)	крем (ч)	[krɛm]
creme (m) de rosto	крем (ч) для обличчя	[krɛm dlʲa ob'litʃʲa]
creme (m) de mãos	крем (ч) для рук	[krɛm dlʲa ruk]
creme (m) antirrugas	крем (ч) проти зморшок	[krɛm 'prɔtɨ 'zmɔrʃok]
creme (m) de dia	денний крем (ч)	['dɛnnɨj krɛm]
creme (m) de noite	нічний крем (ч)	[nitʃ'nɨj krɛm]
de dia	денний	['dɛnɨj]
da noite	нічний	[nitʃ'nɨj]

tampão (m)	тампон (ч)	[tam'pɔn]
papel (m) higiénico	туалетний папір (ч)	[tua'lɛtnɨj pa'pir]
secador (m) elétrico	фен (ч)	[fɛn]

40. Relógios de pulso. Relógios

relógio (m) de pulso	годинник (ч)	[ɦo'dinik]
mostrador (m)	циферблат (ч)	[tsifɛrb'lat]
ponteiro (m)	стрілка (ж)	['strilka]
bracelete (f) em aço	браслет (ч)	[bras'lɛt]
bracelete (f) em couro	ремінець (ч)	[rɛmi'nɛts]

pilha (f)	батарейка (ж)	[bata'rɛjka]
descarregar-se	сісти	['sisti]
trocar a pilha	поміняти батарейку	[pomi'nʲati bata'rɛjku]
estar adiantado	поспішати	[pospi'ʃati]
estar atrasado	відставати	[widsta'wati]

relógio (m) de parede	годинник (ч) настінний	[ɦo'dinik nas'tinɨj]
ampulheta (f)	годинник (ч) пісочний	[ɦo'dinik pi'sɔtʃnɨj]
relógio (m) de sol	годинник (ч) сонячний	[ɦo'dinik 'sɔnʲatʃnɨj]
despertador (m)	будильник (ч)	[bu'dilʲnik]
relojoeiro (m)	годинникар (ч)	[hodinɨ'kar]
reparar (vt)	ремонтувати	[rɛmontu'wati]

EXPERIÊNCIA DO QUOTIDIANO

41. Dinheiro

dinheiro (m)	гроші (мн)	['ɦrɔʃi]
câmbio (m)	обмін (ч)	['ɔbmin]
taxa (f) de câmbio	курс (ч)	[kurs]
Caixa Multibanco (m)	банкомат (ч)	[banko'mat]
moeda (f)	монета (ж)	[mo'nɛta]
dólar (m)	долар (ч)	['dɔlar]
euro (m)	євро (с)	['ɛwro]
lira (f)	італійська ліра (ж)	[ita'lijsika 'lira]
marco (m)	марка (ж)	['marka]
franco (m)	франк (ч)	['frank]
libra (f) esterlina	фунт (ч)	['funt]
iene (m)	єна (ж)	['ɛna]
dívida (f)	борг (ч)	['bɔrɦ]
devedor (m)	боржник (ч)	[borʒ'nik]
emprestar (vt)	позичити	[po'ziʧiti]
pedir emprestado	взяти в борг	['wziati w borɦ]
banco (m)	банк (ч)	[bank]
conta (f)	рахунок (ч)	[ra'hunok]
depositar (vt)	покласти	[pok'lasti]
depositar na conta	покласти на рахунок	[pok'lasti na ra'hunok]
levantar (vt)	зняти з рахунку	['zniati z ra'hunku]
cartão (m) de crédito	кредитна картка (ж)	[krɛ'ditna 'kartka]
dinheiro (m) vivo	готівка (ж)	[ɦo'tiwka]
cheque (m)	чек (ч)	[ʧɛk]
passar um cheque	виписати чек	['wipisati 'ʧɛk]
livro (m) de cheques	чекова книжка (ж)	['ʧɛkowa 'kniʒka]
carteira (f)	портмоне (с)	[portmo'nɛ]
porta-moedas (m)	гаманець (ч)	[ɦama'nɛʦ]
cofre (m)	сейф (ч)	[sɛjf]
herdeiro (m)	спадкоємець (ч)	[spadko'ɛmɛʦ]
herança (f)	спадщина (ж)	['spadɕina]
fortuna (riqueza)	статок (ч)	['statok]
arrendamento (m)	оренда (ж)	[o'rɛnda]
renda (f) de casa	квартирна плата (ж)	[kwar'tirna 'plata]
alugar (vt)	зняти	['zniati]
preço (m)	ціна (ж)	[ʦi'na]
custo (m)	вартість (ж)	['wartisti]

soma (f)	сума (ж)	['suma]
gastar (vt)	витрачати	[witra'tʃati]
gastos (m pl)	витрати (мн)	['witrati]
economizar (vi)	економити	[ɛko'nɔmiti]
económico	економний	[ɛko'nɔmnij]

pagar (vt)	платити	[pla'titi]
pagamento (m)	оплата (ж)	[op'lata]
troco (m)	решта (ж)	['rɛʃta]

imposto (m)	податок (ч)	[po'datok]
multa (f)	штраф (ч)	[ʃtraf]
multar (vt)	штрафувати	[ʃtrafu'wati]

42. Correios. Serviço postal

correios (m pl)	пошта (ж)	['pɔʃta]
correio (m)	пошта (ж)	['pɔʃta]
carteiro (m)	листоноша (ч)	[listo'nɔʃa]
horário (m)	години (мн) роботи	[ɦo'dini ro'bɔti]

carta (f)	лист (ч)	[list]
carta (f) registada	рекомендований лист (ч)	[rɛkomɛn'dowanij list]
postal (m)	листівка (ж)	[lis'tiwka]
telegrama (m)	телеграма (ж)	[tɛlɛ'ɦrama]
encomenda (f) postal	посилка (ж)	[po'silka]
remessa (f) de dinheiro	грошовий переказ (ч)	[ɦroʃo'wij pɛ'rɛkaz]

receber (vt)	отримати	[ot'rimati]
enviar (vt)	відправити	[wid'prawiti]
envio (m)	відправлення (с)	[wid'prawlɛnʲa]
endereço (m)	адреса (ж)	[ad'rɛsa]
código (m) postal	індекс (ч)	['indɛks]
remetente (m)	відправник (ч)	[wid'prawnik]
destinatário (m)	одержувач (ч)	[o'dɛrʒuwatʃ]

nome (m)	ім'я (с)	[i'mʲia]
apelido (m)	прізвище (с)	['prizwiɕɛ]
tarifa (f)	тариф (ч)	[ta'rif]
ordinário	звичайний	[zwi'tʃajnij]
económico	економічний	[ɛkono'mitʃnij]

peso (m)	вага (ж)	[wa'ɦa]
pesar (estabelecer o peso)	зважувати	['zwaʒuwati]
envelope (m)	конверт (ч)	[kon'wɛrt]
selo (m)	марка (ж)	['marka]
colar o selo	приклеювати марку	[prik'lɛʲuwati 'marku]

43. Banca

| banco (m) | банк (ч) | [bank] |
| sucursal, balcão (f) | відділення (с) | [wid'dilɛnʲa] |

| consultor (m) | консультант (ч) | [konsulʲ'tant] |
| gerente (m) | керівник (ч) | [kɛriw'nik] |

conta (f)	рахунок (ч)	[ra'hunok]
número (m) da conta	номер (ч) рахунка	['nɔmɛr ra'hunka]
conta (f) corrente	поточний рахунок (ч)	[po'tɔʧnij ra'hunok]
conta (f) poupança	накопичувальний рахунок (ч)	[nako'piʧuwalʲnij ra'hunok]

abrir uma conta	відкрити рахунок	[wid'kriti ra'hunok]
fechar uma conta	закрити рахунок	[za'kriti ra'hunok]
depositar na conta	покласти на рахунок	[pok'lasti na ra'hunok]
levantar (vt)	зняти з рахунку	['znʲati z ra'hunku]

depósito (m)	внесок (ч)	['wnɛsok]
fazer um depósito	зробити внесок	[zro'biti 'wnɛsok]
transferência (f) bancária	переказ (ч)	[pɛ'rɛkaz]
transferir (vt)	зробити переказ	[zro'biti pɛ'rɛkaz]

| soma (f) | сума (ж) | ['suma] |
| Quanto? | Скільки? | ['skilʲki] |

| assinatura (f) | підпис (ч) | ['pidpis] |
| assinar (vt) | підписати | [pidpi'sati] |

cartão (m) de crédito	кредитна картка (ж)	[krɛ'ditna 'kartka]
código (m)	код (ч)	[kod]
número (m) do cartão de crédito	номер (ч) кредитної картки	['nɔmɛr krɛ'ditnoji 'kartki]
Caixa Multibanco (m)	банкомат (ч)	[banko'mat]

cheque (m)	чек (ч)	[ʧɛk]
passar um cheque	виписати чек	['wipisati 'ʧɛk]
livro (m) de cheques	чекова книжка (ж)	['ʧɛkowa 'kniʒka]

empréstimo (m)	кредит (ч)	[krɛ'dit]
pedir um empréstimo	звертатися за кредитом	[zwɛr'tatisʲa za krɛ'ditom]
obter um empréstimo	брати кредит	['brati krɛ'dit]
conceder um empréstimo	надавати кредит	[nada'wati krɛ'dit]
garantia (f)	застава (ж)	[za'stawa]

44. Telefone. Conversação telefónica

telefone (m)	телефон (ч)	[tɛlɛ'fɔn]
telemóvel (m)	мобільний телефон (ч)	[mo'bilʲnij tɛlɛ'fɔn]
secretária (f) electrónica	автовідповідач (ч)	[awtowidpowi'daʧ]

| fazer uma chamada | зателефонувати | [zatɛlɛfonu'wati] |
| chamada (f) | дзвінок (ч) | [dzwi'nɔk] |

marcar um número	набрати номер	[nab'rati 'nɔmɛr]
Λô!	Алло!	[a'lɔ]
perguntar (vt)	запитати	[zapi'tati]
responder (vt)	відповісти	[widpo'wisti]

ouvir (vt)	чути	['tʃuti]
bem	добре	['dɔbrɛ]
mal	погано	[po'ɦano]
ruído (m)	перешкоди (мн)	[pɛrɛʃ'kɔdɨ]

auscultador (m)	трубка (ж)	['trubka]
pegar o telefone	зняти трубку	['znʲatɨ 'trubku]
desligar (vi)	покласти трубку	[pok'lastɨ t'rubku]

ocupado	зайнятий	['zajnʲatɨj]
tocar (vi)	дзвонити	[dzwo'nɨti]
lista (f) telefónica	телефонна книга (ж)	[tɛlɛ'fɔna 'knɨɦa]

local	місцевий	[mis'tsɛwɨj]
chamada (f) local	місцевий зв'язок (ч)	[mis'tsɛwɨj 'zwʲazok]
de longa distância	міжміський	[miʒmis'ʲkɨj]
chamada (f) de longa distância	міжміський зв'язок (ч)	[miʒmis'ʲkɨj 'zwʲazok]
internacional	міжнародний	[miʒna'rɔdnɨj]
chamada (f) internacional	міжнародний зв'язок (ч)	[miʒna'rɔdnɨj 'zwʲazok]

45. Telefone móvel

telemóvel (m)	мобільний телефон (ч)	[mo'bilʲnɨj tɛlɛ'fɔn]
ecrã (m)	дисплей (ч)	[dɨs'plɛj]
botão (m)	кнопка (ж)	['knɔpka]
cartão SIM (m)	SIM-карта (ж)	[sim 'karta]

bateria (f)	батарея (ж)	[bata'rɛʲa]
descarregar-se	розрядитися	[rozrʲa'ditɨsʲa]
carregador (m)	зарядний пристрій (ч)	[za'rʲadnɨj 'prɨstrɨj]

menu (m)	меню (с)	[mɛ'nʲu]
definições (f pl)	настройки (мн)	[na'strɔjki]
melodia (f)	мелодія (ж)	[mɛ'lɔdiʲa]
escolher (vt)	вибрати	['wɨbratɨ]

calculadora (f)	калькулятор (ч)	[kalʲku'lʲator]
correio (m) de voz	автовідповідач (ч)	[awtowidpowi'datʃ]
despertador (m)	будильник (ч)	[bu'dilʲnɨk]
contatos (m pl)	телефонна книга (ж)	[tɛlɛ'fɔna 'knɨɦa]

mensagem (f) de texto	SMS-повідомлення (с)	[ɛsɛ'mɛs powi'dɔmlɛnʲa]
assinante (m)	абонент (ч)	[abo'nɛnt]

46. Estacionário

caneta (f)	авторучка (ж)	[awto'rutʃka]
caneta (f) tinteiro	ручка-перо (с)	['rutʃka pɛ'rɔ]

lápis (m)	олівець (ч)	[oli'wɛts]
marcador (m)	маркер (ч)	['markɛr]

caneta (f) de feltro	фломастер (ч)	[flo'mastɛr]
bloco (m) de notas	блокнот (ч)	[blok'nɔt]
agenda (f)	щоденник (ч)	[ɕo'dɛnɨk]

régua (f)	лінійка (ж)	[li'nijka]
calculadora (f)	калькулятор (ч)	[kalʲku'lʲator]
borracha (f)	гумка (ж)	['ɦumka]
pionés (m)	кнопка (ж)	['knɔpka]
clipe (m)	скріпка (ж)	['skripka]

cola (f)	клей (ч)	[klɛj]
agrafador (m)	степлер (ч)	['stɛplɛr]
furador (m)	діркопробивач (ч)	[dirkoprobɨ'watʃ]
afia-lápis (m)	стругачка (ж)	[stru'ɦatʃka]

47. Línguas estrangeiras

língua (f)	мова (ж)	['mɔwa]
estrangeiro	іноземний	[ino'zɛmnɨj]
língua (f) estrangeira	іноземна мова (ж)	[ino'zɛmna 'mɔwa]
estudar (vt)	вивчати	[wiw'tʃati]
aprender (vt)	вчити	['wtʃiti]

ler (vt)	читати	[tʃi'tati]
falar (vi)	говорити	[ɦowo'riti]
compreender (vt)	розуміти	[rozu'miti]
escrever (vt)	писати	[pɨ'sati]

rapidamente	швидко	['ʃwɨdko]
devagar	повільно	[po'wilʲno]
fluentemente	вільно	['wilʲno]

regras (f pl)	правила (мн)	['prawɨla]
gramática (f)	граматика (ж)	[ɦra'matɨka]
vocabulário (m)	лексика (ж)	['lɛksɨka]
fonética (f)	фонетика (ж)	[fo'nɛtɨka]

manual (m) escolar	підручник (ч)	[pid'rutʃnɨk]
dicionário (m)	словник (ч)	[slow'nik]
manual (m) de autoaprendizagem	самовчитель (ч)	[samow'tʃitɛlʲ]
guia (m) de conversação	розмовник (ч)	[roz'mownɨk]

cassete (f)	касета (ж)	[ka'sɛta]
vídeo cassete (m)	відеокасета (ж)	['widɛo ka'sɛta]
CD (m)	CD-диск (ч)	[si'di dɨsk]
DVD (m)	DVD (ч)	[dɨwi'di]

alfabeto (m)	алфавіт (ч)	[alfa'wit]
soletrar (vt)	говорити по буквах	[ɦowo'riti po 'bukwah]
pronúncia (f)	вимова (ж)	[wɨ'mɔwa]

| sotaque (m) | акцент (ч) | [ak'tsɛnt] |
| com sotaque | з акцентом | [z ak'tsɛntom] |

sem sotaque	без акценту	[bɛz ak'tsɛntu]
palavra (f)	слово (c)	['slɔwo]
sentido (m)	сенс (ч)	[sɛns]

cursos (m pl)	курси (мн)	['kursi]
inscrever-se (vr)	записатися	[zapi'satisʲa]
professor (m)	викладач (ч)	[wɪkla'datʃ]

tradução (processo)	переклад (ч)	[pɛ'rɛklad]
tradução (texto)	переклад (ч)	[pɛ'rɛklad]
tradutor (m)	перекладач (ч)	[pɛrɛkla'datʃ]
intérprete (m)	перекладач (ч)	[pɛrɛkla'datʃ]

| poliglota (m) | поліглот (ч) | [poliɦ'lɔt] |
| memória (f) | пам'ять (ж) | ['pamʲʲatʲ] |

REFEIÇÕES. RESTAURANTE

48. Por a mesa

colher (f)	ложка (ж)	['lɔʒka]
faca (f)	ніж (ч)	[niʒ]
garfo (m)	виделка (ж)	[wi'dɛlka]
chávena (f)	чашка (ж)	['ʧaʃka]
prato (m)	тарілка (ж)	[ta'rilka]
pires (m)	блюдце (с)	['blʲudtsɛ]
guardanapo (m)	серветка (ж)	[sɛr'wɛtka]
palito (m)	зубочистка (ж)	[zubo'ʧistka]

49. Restaurante

restaurante (m)	ресторан (ч)	[rɛsto'ran]
café (m)	кав'ярня (ж)	[ka'wʲjarnʲa]
bar (m), cervejaria (f)	бар (ч)	[bar]
salão (m) de chá	чайна (ж)	['ʧajna]
empregado (m) de mesa	офіціант (ч)	[ofitsi'ant]
empregada (f) de mesa	офіціантка (ж)	[ofitsi'antka]
barman (m)	бармен (ч)	[bar'mɛn]
ementa (f)	меню (с)	[mɛ'nʲu]
lista (f) de vinhos	карта (ж) вин	['karta win]
reservar uma mesa	забронювати столик	[zabronʲu'wati 'stɔlik]
prato (m)	страва (ж)	['strawa]
pedir (vt)	замовити	[za'mowiti]
fazer o pedido	зробити замовлення	[zro'biti za'mowlɛnʲa]
aperitivo (m)	аперитив (ч)	[apɛri'tiw]
entrada (f)	закуска (ж)	[za'kuska]
sobremesa (f)	десерт (ч)	[dɛ'sɛrt]
conta (f)	рахунок (ч)	[ra'hunok]
pagar a conta	оплатити рахунок	[opla'titi ra'hunok]
dar o troco	дати решту	['dati 'rɛʃtu]
gorjeta (f)	чайові (мн)	[ʧajo'wi]

50. Refeições

comida (f)	їжа (ж)	['jiʒa]
comer (vt)	їсти	['jisti]

pequeno-almoço (m)	сніданок (ч)	[sni'danok]
tomar o pequeno-almoço	снідати	['snidati]
almoço (m)	обід (ч)	[o'bid]
almoçar (vi)	обідати	[o'bidati]
jantar (m)	вечеря (ж)	[wɛ'ʧɛrʲa]
jantar (vi)	вечеряти	[wɛ'ʧɛrʲati]

| apetite (m) | апетит (ч) | [apɛ'tit] |
| Bom apetite! | Смачного! | [smaʧ'nɔɦo] |

abrir (~ uma lata, etc.)	відкривати	[widkri'wati]
derramar (vt)	пролити	[pro'liti]
derramar-se (vr)	пролитись	[pro'litisʲ]

ferver (vi)	кипіти	[ki'piti]
ferver (vt)	кип'ятити	[kipʲa'titi]
fervido	кип'ячений	[kipʲa'ʧɛnij]
arrefecer (vt)	охолодити	[oholo'diti]
arrefecer-se (vr)	охолоджуватись	[oho'lɔʤuwatisʲ]

| sabor, gosto (m) | смак (ч) | [smak] |
| gostinho (m) | присмак (ч) | ['prismak] |

fazer dieta	худнути	['hudnuti]
dieta (f)	дієта (ж)	[di'ɛta]
vitamina (f)	вітамін (ч)	[wita'min]
caloria (f)	калорія (ж)	[ka'lɔriʲa]
vegetariano (m)	вегетаріанець (ч)	[wɛɦɛtari'anɛts]
vegetariano	вегетаріанський	[wɛɦɛtari'ansʲkij]

gorduras (f pl)	жири (мн)	[ʒi'ri]
proteínas (f pl)	білки (мн)	[bil'ki]
carboidratos (m pl)	вуглеводи (мн)	[wuɦlɛ'wɔdi]
fatia (~ de limão, etc.)	скибка (ж)	['skibka]
pedaço (~ de bolo)	шматок (ч)	[ʃma'tɔk]
migalha (f)	крихта (ж)	['krihta]

51. Pratos cozinhados

prato (m)	страва (ж)	['strawa]
cozinha (~ portuguesa)	кухня (ж)	['kuhnʲa]
receita (f)	рецепт (ч)	[rɛ'tsɛpt]
porção (f)	порція (ж)	['pɔrtsiʲa]

| salada (f) | салат (ч) | [sa'lat] |
| sopa (f) | юшка (ж) | ['ʲuʃka] |

caldo (m)	бульйон (ч)	[bu'lʲɔn]
sandes (f)	канапка (ж)	[ka'napka]
ovos (m pl) estrelados	яєчня (ж)	[ja'ɛʃnʲa]

hambúrguer (m)	гамбургер (ч)	['ɦamburɦɛr]
bife (m)	біфштекс (ч)	[bifʃtɛks]
conduto (m)	гарнір (ч)	[ɦar'nir]

espaguete (m)	спагеті (мн)	[spa'hɛti]
puré (m) de batata	картопляне пюре (с)	[kartop'lʲanɛ pʲu'rɛ]
pizza (f)	піца (ж)	['pitsa]
papa (f)	каша (ж)	['kaʃa]
omelete (f)	омлет (ч)	[om'lɛt]

cozido em água	варений	[wa'rɛnij]
fumado	копчений	[kop'ʧɛnij]
frito	смажений	['smaʒɛnij]
seco	сушений	['suʃɛnij]
congelado	заморожений	[zamo'rɔʒɛnij]
em conserva	маринований	[mari'nɔwanij]

doce (açucarado)	солодкий	[so'lɔdkij]
salgado	солоний	[so'lɔnij]
frio	холодний	[ho'lɔdnij]
quente	гарячий	[ha'rʲaʧij]
amargo	гіркий	[hir'kij]
gostoso	смачний	[smaʧ'nij]

cozinhar (em água a ferver)	варити	[wa'riti]
fazer, preparar (vt)	готувати	[hotu'wati]
fritar (vt)	смажити	['smaʒiti]
aquecer (vt)	розігрівати	[roziĥri'wati]

salgar (vt)	солити	[so'liti]
apimentar (vt)	перчити	[pɛr'ʧiti]
ralar (vt)	терти	['tɛrti]
casca (f)	шкірка (ж)	['ʃkirka]
descascar (vt)	чистити	['ʧistiti]

52. Comida

carne (f)	м'ясо (с)	['mʲʲaso]
galinha (f)	курка (ж)	['kurka]
frango (m)	курча (с)	[kur'ʧa]
pato (m)	качка (ж)	['kaʧka]
ganso (m)	гусак (ч)	[ĥu'sak]
caça (f)	дичина (ж)	[diʧi'na]
peru (m)	індичка (ж)	[in'diʧka]

carne (f) de porco	свинина (ж)	[swi'nina]
carne (f) de vitela	телятина (ж)	[tɛ'lʲatina]
carne (f) de carneiro	баранина (ж)	[ba'ranina]
carne (f) de vaca	яловичина (ж)	['ʲalowiʧina]
carne (f) de coelho	кріль (ч)	[krilʲ]

chouriço, salsichão (m)	ковбаса (ж)	[kowba'sa]
salsicha (f)	сосиска (ж)	[so'siska]
bacon (m)	бекон (ч)	[bɛ'kɔn]
fiambro (f)	шинка (ж)	['ʃinka]
presunto (m)	окіст (ч)	['okiɛt]
patê (m)	паштет (ч)	[paʃ'tɛt]
fígado (m)	печінка (ж)	[pɛ'ʧinka]

carne (f) moída	фарш (ч)	[farʃ]
língua (f)	язик (ч)	[ja'zik]

ovo (m)	яйце (с)	[jaj'ʦɛ]
ovos (m pl)	яйця (мн)	['ⁱajʦʲa]
clara (f) do ovo	білок (ч)	[bi'lɔk]
gema (f) do ovo	жовток (ч)	[ʒow'tɔk]

peixe (m)	риба (ж)	['riba]
mariscos (m pl)	морепродукти (мн)	[morɛpro'dukti]
crustáceos (m pl)	ракоподібні (мн)	[rakopo'dibni]
caviar (m)	ікра (ж)	[ik'ra]

caranguejo (m)	краб (ч)	[krab]
camarão (m)	креветка (ж)	[krɛ'wɛtka]
ostra (f)	устриця (ж)	['ustriʦʲa]
lagosta (f)	лангуст (ч)	[lan'ɦust]
polvo (m)	восьминіг (ч)	[wosʲmi'niɦ]
lula (f)	кальмар (ч)	[kalʲ'mar]

esturjão (m)	осетрина (ж)	[osɛt'rina]
salmão (m)	лосось (ч)	[lo'sɔsʲ]
halibute (m)	палтус (ч)	['paltus]

bacalhau (m)	тріска (ж)	[tris'ka]
cavala, sarda (f)	скумбрія (ж)	['skumbriʲa]
atum (m)	тунець (ч)	[tu'nɛʦ]
enguia (f)	вугор (ч)	[wu'ɦor]

truta (f)	форель (ж)	[fo'rɛlʲ]
sardinha (f)	сардина (ж)	[sar'dina]
lúcio (m)	щука (ж)	['ɕuka]
arenque (m)	оселедець (ч)	[osɛ'lɛdɛʦ]

pão (m)	хліб (ч)	[hlib]
queijo (m)	сир (ч)	[sir]
açúcar (m)	цукор (ч)	['ʦukor]
sal (m)	сіль (ж)	[silʲ]

arroz (m)	рис (ч)	[ris]
massas (f pl)	макарони (мн)	[maka'roni]
talharim (m)	локшина (ж)	[lokʃi'na]

manteiga (f)	вершкове масло (с)	[wɛrʃkowɛ 'maslo]
óleo (m) vegetal	олія (ж) рослинна	[o'liʲa ros'lina]
óleo (m) de girassol	соняшникова олія (ж)	['sonʲaʃnikowa o'liʲa]
margarina (f)	маргарин (ч)	[marɦa'rin]

azeitonas (f pl)	оливки (мн)	[o'liwki]
azeite (m)	олія (ж) оливкова	[o'liʲa o'liwkowa]

leite (m)	молоко (с)	[molo'kɔ]
leite (m) condensado	згущене молоко (с)	['zɦuɕɛnɛ molo'kɔ]
iogurte (m)	йогурт (ч)	['joɦurt]
nata (f) azeda	сметана (ж)	[smɛ'tana]
nata (f) do leite	вершки (мн)	[wɛrʃ'ki]

maionese (f)	майонез (ч)	[ma^jo'nɛz]
creme (m)	крем (ч)	[krɛm]

grãos (m pl) de cereais	крупа (ж)	[kru'pa]
farinha (f)	борошно (с)	['bɔroʃno]
enlatados (m pl)	консерви (мн)	[kon'sɛrwi]

flocos (m pl) de milho	кукурудзяні пластівці (мн)	[kuku'rudz^jani plastiw'tsi]
mel (m)	мед (ч)	[mɛd]
doce (m)	джем (ч)	[dʒɛm]
pastilha (f) elástica	жувальна гумка (ж)	[ʒu'wal^jna 'ɦumka]

53. Bebidas

água (f)	вода (ж)	[wo'da]
água (f) potável	питна вода (ж)	[pit'na wo'da]
água (f) mineral	мінеральна вода (ж)	[minɛ'ral^jna wo'da]

sem gás	без газу	[bɛz 'ɦazu]
gaseificada	газований	[ɦa'zɔwanij]
com gás	з газом	[z 'ɦazom]
gelo (m)	лід (ч), крига (ж)	[lid], ['kriɦa]
com gelo	з льодом	[z l^jodom]

sem álcool	безалкогольний	[bɛzalko'ɦɔl^jnij]
bebida (f) sem álcool	безалкогольний напій (ч)	[bɛzalko'ɦɔl^jnij na'pij]
refresco (m)	прохолодний напій (ч)	[proho'lɔdnij 'napij]
limonada (f)	лимонад (ч)	[limo'nad]

bebidas (f pl) alcoólicas	алкогольні напої (мн)	[alko'ɦɔl^jni na'pojі]
vinho (m)	вино (с)	[wi'nɔ]
vinho (m) branco	біле вино (с)	['bilɛ wi'nɔ]
vinho (m) tinto	червоне вино (с)	[tʃɛr'wɔnɛ wi'nɔ]

licor (m)	лікер (ч)	[li'kɛr]
champanhe (m)	шампанське (с)	[ʃam'pans^jkɛ]
vermute (m)	вермут (ч)	['wɛrmut]

uísque (m)	віскі (с)	['wiski]
vodka (f)	горілка (ж)	[ɦo'rilka]
gim (m)	джин (ч)	[dʒin]
conhaque (m)	коньяк (ч)	[ko'n^jak]
rum (m)	ром (ч)	[rom]

café (m)	кава (ж)	['kawa]
café (m) puro	чорна кава (ж)	['tʃorna 'kawa]
café (m) com leite	кава (ж) з молоком	['kawa z molo'kɔm]
cappuccino (m)	капучино (с)	[kapu'tʃino]
café (m) solúvel	розчинна кава (ж)	[roz'tʃina 'kawa]

leite (m)	молоко (с)	[molo'kɔ]
coquetel (m)	коктейль (ч)	[kok'tɛjl^j]
batido (m) de leite	молочний коктейль (ч)	[mo'lɔtʃnij kok'tɛjl^j]
sumo (m)	сік (ч)	[sik]

sumo (m) de tomate	томатний сік (ч)	[to'matnij 'sik]
sumo (m) de laranja	апельсиновий сік (ч)	[apɛlʲ'sinowij sik]
sumo (m) fresco	свіжовижатий сік (ч)	[swiʒo'wiʒatij sik]
cerveja (f)	пиво (с)	['piwo]
cerveja (f) clara	світле пиво (с)	['switlɛ 'piwo]
cerveja (f) preta	темне пиво (с)	['tɛmnɛ 'piwo]
chá (m)	чай (ч)	[ʧaj]
chá (m) preto	чорний чай (ч)	['ʧornij ʧaj]
chá (m) verde	зелений чай (ч)	[zɛ'lɛnij ʧaj]

54. Vegetais

legumes (m pl)	овочі (мн)	['ɔwoʧi]
verduras (f pl)	зелень (ж)	['zɛlɛnʲ]
tomate (m)	помідор (ч)	[pomi'dɔr]
pepino (m)	огірок (ч)	[ohi'rɔk]
cenoura (f)	морква (ж)	['mɔrkwa]
batata (f)	картопля (ж)	[kar'tɔplʲa]
cebola (f)	цибуля (ж)	[ʦi'bulʲa]
alho (m)	часник (ч)	[ʧas'nik]
couve (f)	капуста (ж)	[ka'pusta]
couve-flor (f)	кольорова капуста (ж)	[kolʲo'rɔwa ka'pusta]
couve-de-bruxelas (f)	брюссельська капуста (ж)	[brʲu'sɛlʲsʲka ka'pusta]
brócolos (m pl)	броколі (ж)	['brɔkoli]
beterraba (f)	буряк (ч)	[bu'rʲak]
beringela (f)	баклажан (ч)	[bakla'ʒan]
curgete (f)	кабачок (ч)	[kaba'ʧɔk]
abóbora (f)	гарбуз (ч)	[hor'buɜ]
nabo (m)	ріпа (ж)	['ripa]
salsa (f)	петрушка (ж)	[pɛt'ruʃka]
funcho, endro (m)	кріп (ч)	[krip]
alface (f)	салат (ч)	[sa'lat]
aipo (m)	селера (ж)	[sɛ'lɛra]
espargo (m)	спаржа (ж)	['sparʒa]
espinafre (m)	шпинат (ч)	[ʃpi'nat]
ervilha (f)	горох (ч)	[ho'rɔh]
fava (f)	боби (мн)	[bo'bi]
milho (m)	кукурудза (ж)	[kuku'ruʣa]
feijão (m)	квасоля (ж)	[kwa'sɔlʲa]
pimentão (m)	перець (ч)	['pɛrɛʦ]
rabanete (m)	редиска (ж)	[rɛ'diska]
alcachofra (f)	артишок (ч)	[arti'ʃɔk]

55. Frutos. Nozes

fruta (f)	фрукт (ч)	[frukt]
maçã (f)	яблуко (с)	['ɑbluko]
pera (f)	груша (ж)	['ɦruʃa]
limão (m)	лимон (ч)	[lɨ'mɔn]
laranja (f)	апельсин (ч)	[apɛlʲ'sɨn]
morango (m)	полуниця (ж)	[polu'nɨtsʲa]

tangerina (f)	мандарин (ч)	[manda'rin]
ameixa (f)	слива (ж)	['slɨwa]
pêssego (m)	персик (ч)	['pɛrsɨk]
damasco (m)	абрикос (ч)	[abri'kɔs]
framboesa (f)	малина (ж)	[ma'lɨna]
ananás (m)	ананас (ч)	[ana'nas]

banana (f)	банан (ч)	[ba'nan]
melancia (f)	кавун (ч)	[ka'wun]
uva (f)	виноград (ч)	[wino'ɦrad]
ginja, cereja (f)	вишня, черешня (ж)	['wɨʃnʲa], [ʧɛ'rɛʃnʲa]
ginja (f)	вишня (ж)	['wɨʃnʲa]
cereja (f)	черешня (ж)	[ʧɛ'rɛʃnʲa]
meloa (f)	диня (ж)	['dinʲa]

toranja (f)	грейпфрут (ч)	[ɦrɛjp'frut]
abacate (m)	авокадо (с)	[awo'kado]
papaia (f)	папайя (ж)	[pa'paʲa]
manga (f)	манго (с)	['manɦo]
romã (f)	гранат (ч)	[ɦra'nat]

groselha (f) vermelha	порічки (мн)	[po'riʧkɨ]
groselha (f) preta	чорна смородина (ж)	['ʧɔrna smo'rɔdina]
groselha (f) espinhosa	аґрус (ч)	['agrus]
mirtilo (m)	чорниця (ж)	[ʧor'nɨtsʲa]
amora silvestre (f)	ожина (ж)	[o'ʒina]

uvas (f pl) passas	родзинки (мн)	[ro'dzinkɨ]
figo (m)	інжир (ч)	[in'ʒɨr]
tâmara (f)	фінік (ч)	['finik]

amendoim (m)	арахіс (ч)	[a'rahis]
amêndoa (f)	мигдаль (ч)	[miɦ'dalʲ]
noz (f)	горіх (ч) волоський	[ɦo'rih wo'lɔsʲkij]
avelã (f)	ліщина (ж)	[li'ɕina]
coco (m)	горіх (ч) кокосовий	[ɦo'rih ko'kɔsowɨj]
pistáchios (m pl)	фісташки (мн)	[fis'taʃkɨ]

56. Pão. Bolaria

pastelaria (f)	кондитерські вироби (мн)	[kon'ditɛrsʲkɨ 'wɨrobɨ]
pão (m)	хліб (ч)	[hlib]
bolacha (f)	печиво (с)	['pɛʧɨwo]
chocolate (m)	шоколад (ч)	[ʃoko'lad]

de chocolate	шоколадний	[ʃoko'ladnij]
rebuçado (m)	цукерка (ж)	[ʦu'kɛrka]
bolo (cupcake, etc.)	тістечко (c)	['tistɛʧko]
bolo (m) de aniversário	торт (ч)	[tort]

| tarte (~ de maçã) | пиріг (ч) | [piˈriɦ] |
| recheio (m) | начинка (ж) | [naˈʧinka] |

doce (m)	варення (c)	[waˈrɛnʲa]
geleia (f) de frutas	мармелад (ч)	[marmɛˈlad]
waffle (m)	вафлі (мн)	[ˈwafli]
gelado (m)	морозиво (c)	[moˈrɔziwo]
pudim (m)	пудинг (ч)	[ˈpudinɦ]

57. Especiarias

sal (m)	сіль (ж)	[silʲ]
salgado	солоний	[soˈlɔnij]
salgar (vt)	солити	[soˈliti]

pimenta (f) preta	чорний перець (ч)	[ˈʧɔrnij ˈpɛrɛʦ]
pimenta (f) vermelha	червоний перець (ч)	[ʧɛrˈwɔnij ˈpɛrɛʦ]
mostarda (f)	гірчиця (ж)	[ɦirˈʧiʦʲa]
raiz-forte (f)	хрін (ч)	[hrin]

condimento (m)	приправа (ж)	[pripˈrawa]
especiaria (f)	прянощі (мн)	[prʲaˈnɔɕi]
molho (m)	соус (ч)	[ˈsɔus]
vinagre (m)	оцет (ч)	[ˈɔʦɛt]

anis (m)	аніс (ч)	[ˈanis]
manjericão (m)	базилік (ч)	[baziˈlik]
cravo (m)	гвоздика (ж)	[ɦwozˈdika]
gengibre (m)	імбир (ч)	[imˈbir]
coentro (m)	коріандр (ч)	[koriˈɔndr]
canela (f)	кориця (ж)	[koˈriʦʲa]

sésamo (m)	кунжут (ч)	[kunˈʒut]
folhas (f pl) de louro	лавровий лист (ч)	[lawˈrɔwij list]
páprica (f)	паприка (ж)	[ˈpaprika]
cominho (m)	кмин (ч)	[kmin]
açafrão (m)	шафран (ч)	[ʃafˈran]

INFORMAÇÃO PESSOAL. FAMÍLIA

58. Informação pessoal. Formulários

nome (m)	ім'я (c)	[i'mʲʲa]
apelido (m)	прізвище (c)	['prizwiɕɛ]
data (f) de nascimento	дата (ж) народження	['data na'rɔdʒɛnʲa]
local (m) de nascimento	місце (o) народження	['mistsɛ na'rɔdʒɛnʲa]

nacionalidade (f)	національність (ж)	[natsio'nalʲnistʲ]
lugar (m) de residência	місце (c) проживання	['mistsɛ proʒi'wanʲa]
país (m)	країна (ж)	[kra'jina]
profissão (f)	професія (ж)	[pro'fɛsiʲa]

sexo (m)	стать (ж)	[statʲ]
estatura (f)	зріст (ч)	[zrist]
peso (m)	вага (ж)	[wa'ɦa]

59. Membros da família. Parentes

mãe (f)	мати (ж)	['mati]
pai (m)	батько (ч)	['batʲko]
filho (m)	син (ч)	[sin]
filha (f)	дочка (ж)	[doʧ'ka]

filha (f) mais nova	молодша дочка (ж)	[mo'lɔdʃa doʧ'ka]
filho (m) mais novo	молодший син (ч)	[mo'lɔdʃij sin]
filha (f) mais velha	старша дочка (ж)	['starʃa doʧ'ka]
filho (m) mais velho	старший син (ч)	['starʃij sin]

irmão (m)	брат (ч)	[brat]
irmão (m) mais velho	старший брат (ч)	[star'ʃij brat]
irmão (m) mais novo	молодший брат (ч)	[mo'lɔdʃij brat]
irmã (f)	сестра (ж)	[sɛst'ra]
irmã (f) mais velha	старша сестра (ж)	[star'ʃa sɛst'ra]
irmã (f) mais nova	молодша сестра (ж)	[mo'lɔdʃa sɛst'ra]

primo (m)	двоюрідний брат (ч)	[dwoʲu'ridnij brat]
prima (f)	двоюрідна сестра (ж)	[dwoʲu'ridna sɛst'ra]
mamã (f)	мати (ж)	['mati]
papá (m)	тато (ч)	['tato]
pais (pl)	батьки (мн)	[batʲ'ki]
criança (f)	дитина (ж)	[di'tina]
crianças (f pl)	діти (мн)	['diti]

avó (f)	бабуся (ж)	[ba'busʲa]
avô (m)	дід (ч)	['did]
neto (m)	онук (ч)	[o'nuk]

| neta (f) | онука (ж) | [o'nuka] |
| netos (pl) | онуки (мн) | [o'nukɨ] |

tio (m)	дядько (ч)	['dʲadʲko]
tia (f)	тітка (ж)	['titka]
sobrinho (m)	племінник (ч)	[plɛ'minɨk]
sobrinha (f)	племінниця (ж)	[plɛ'minɨtsʲa]

sogra (f)	теща (ж)	['tɛɕa]
sogro (m)	свекор (ч)	['swɛkor]
genro (m)	зять (ч)	[zʲatʲ]
madrasta (f)	мачуха (ж)	['matʃuha]
padrasto (m)	вітчим (ч)	['witʃɨm]

criança (f) de colo	немовля (c)	[nɛmow'lʲa]
bebé (m)	малюк (ч)	[ma'lʲuk]
menino (m)	малюк (ч)	[ma'lʲuk]

mulher (f)	дружина (ж)	[dru'ʒɨna]
marido (m)	чоловік (ч)	[tʃolo'wik]
esposo (m)	чоловік (ч)	[tʃolo'wik]
esposa (f)	дружина (ж)	[dru'ʒɨna]

casado	одружений	[od'ruʒɛnɨj]
casada	заміжня	[za'miʒnʲa]
solteiro	холостий	[holos'tɨj]
solteirão (m)	холостяк (ч)	[holos'tʲak]
divorciado	розлучений	[roz'lutʃɛnɨj]
viúva (f)	вдова (ж)	[wdo'wa]
viúvo (m)	вдівець (ч)	[wdi'wɛts]

parente (m)	родич (ч)	['rɔditʃ]
parente (m) próximo	близький родич (ч)	[blizʲ'kij 'rɔditʃ]
parente (m) distante	далекий родич (ч)	[da'lɛkij 'rɔditʃ]
parentes (m pl)	рідні (мн)	['ridni]

órfão (m), órfã (f)	сирота (ч)	[sɨro'ta]
órfão (m)	сирота (ч)	[sɨro'ta]
órfã (f)	сирота (ж)	[sɨro'ta]
tutor (m)	опікун (ч)	[opi'kun]
adotar (um filho)	усиновити	[usɨno'wɨtɨ]
adotar (uma filha)	удочерити	[udotʃɛ'rɨtɨ]

60. Amigos. Colegas de trabalho

amigo (m)	друг (ч)	[druɦ]
amiga (f)	подруга (ж)	['pɔdruɦa]
amizade (f)	дружба (ж)	['druʒba]
ser amigos	дружити	[dru'ʒɨtɨ]

amigo (m)	приятель (ч)	['prijatɛlʲ]
amiga (f)	приятелька (ж)	['prijatɛlʲka]
parceiro (m)	партнер (ч)	[part'nɛr]
chefe (m)	шеф (ч)	[ʃɛf]

superior (m)	начальник (ч)	[na'ʧalʲnɨk]
proprietário (m)	власник	['wlasnɨk]
subordinado (m)	підлеглий (ч)	[pid'lɛɦlɨj]
colega (m)	колега (ч)	[ko'lɛɦa]

conhecido (m)	знайомий (ч)	[zna'jɔmɨj]
companheiro (m) de viagem	попутник (ч)	[po'putnɨk]
colega (m) de classe	однокласник (ч)	[odno'klasnɨk]

vizinho (m)	сусід (ч)	[su'sid]
vizinha (f)	сусідка (ж)	[su'sidka]
vizinhos (pl)	сусіди (мн)	[su'sidɨ]

CORPO HUMANO. MEDICINA

61. Cabeça

cabeça (f)	голова (ж)	[ɦoloˈwa]
cara (f)	обличчя (c)	[obˈlitʲʲa]
nariz (m)	ніс (ч)	[nis]
boca (f)	рот (ч)	[rot]
olho (m)	око (c)	[ˈɔko]
olhos (m pl)	очі (мн)	[ˈɔtʃi]
pupila (f)	зіниця (ж)	[ziˈnitsʲa]
sobrancelha (f)	брова (ж)	[broˈwa]
pestana (f)	вія (ж)	[ˈwiʲa]
pálpebra (f)	повіка (ж)	[poˈwika]
língua (f)	язик (ч)	[jaˈzɨk]
dente (m)	зуб (ч)	[zub]
lábios (m pl)	губи (мн)	[ˈɦubi]
maçãs (f pl) do rosto	вилиці (мн)	[ˈwilɨtsi]
gengiva (f)	ясна (мн)	[ˈʲasna]
palato (m)	піднебіння (c)	[pidnɛˈbinʲa]
narinas (f pl)	ніздрі (мн)	[ˈnizdri]
queixo (m)	підборіддя (c)	[pidboˈriddʲa]
mandíbula (f)	щелепа (ж)	[ɕɛˈlɛpa]
bochecha (f)	щока (ж)	[ɕoˈka]
testa (f)	чоло (c)	[tʃoˈlɔ]
têmpora (f)	скроня (ж)	[ˈskrɔnʲa]
orelha (f)	вухо (c)	[ˈwuɦo]
nuca (f)	потилиця (ж)	[poˈtilɨtsʲa]
pescoço (m)	шия (ж)	[ˈʃiʲa]
garganta (f)	горло (c)	[ˈɦɔrlo]
cabelos (m pl)	волосся (c)	[woˈlɔssʲa]
penteado (m)	зачіска (ж)	[ˈzatʃiska]
corte (m) de cabelo	стрижка (ж)	[ˈstriʒka]
peruca (f)	парик (ч)	[paˈrik]
bigode (m)	вуса (мн)	[ˈwusa]
barba (f)	борода (ж)	[boroˈda]
usar, ter (~ barba, etc.)	носити	[noˈsiti]
trança (f)	коса (ж)	[koˈsa]
suíças (f pl)	бакенбарди (мн)	[bakɛnˈbardi]
ruivo	рудий	[ruˈdij]
grisalho	сивий	[ˈsiwij]
calvo	лисий	[ˈlisij]
calva (f)	лисина (ж)	[ˈlisina]

| rabo-de-cavalo (m) | хвіст (ч) | [hwist] |
| franja (f) | чубчик (ч) | ['ʧubʧik] |

62. Corpo humano

| mão (f) | кисть (ж) | [kistʲ] |
| braço (m) | рука (ж) | [ru'ka] |

dedo (m)	палець (ч)	['palɛʦ]
dedo (m) do pé	палець	['palɛʦʲ]
polegar (m)	великий палець (ч)	[wɛ'likij 'palɛʦ]
dedo (m) mindinho	мізинець (ч)	[mi'zinɛʦ]
unha (f)	ніготь (ч)	['niɦotʲ]

punho (m)	кулак (ч)	[ku'lak]
palma (f) da mão	долоня (ж)	[do'lɔnʲa]
pulso (m)	зап'ясток (ч)	[za'pʲastok]
antebraço (m)	передпліччя (c)	[pɛrɛdp'liʧʲa]
cotovelo (m)	лікоть (ч)	['likotʲ]
ombro (m)	плече (c)	[plɛ'ʧɛ]

perna (f)	гомілка (ж)	[ɦo'milka]
pé (m)	ступня (ж)	[stup'nʲa]
joelho (m)	коліно (c)	[ko'lino]
barriga (f) da perna	литка (ж)	['litka]
anca (f)	стегно (c)	[stɛɦ'nɔ]
calcanhar (m)	п'ятка (ж)	['pʲatka]

corpo (m)	тіло (c)	['tilo]
barriga (f)	живіт (ч)	[ʒi'wit]
peito (m)	груди (мн)	['ɦrudi]
seio (m)	груди (мн)	['ɦrudi]
lado (m)	бік (ч)	[bik]
costas (f pl)	спина (ж)	['spina]
região (f) lombar	поперек (ч)	[popɛ'rɛk]
cintura (f)	талія (ж)	['talʲia]

umbigo (m)	пупок (ч)	[pu'pɔk]
nádegas (f pl)	сідниці (мн)	[sid'niʦi]
traseiro (m)	зад (ч)	[zad]

sinal (m)	родимка (ж)	['rɔdimka]
sinal (m) de nascença	родима пляма (ж)	[ro'dima 'plʲama]
tatuagem (f)	татуювання (c)	[tatuʲu'wanʲa]
cicatriz (f)	рубець (ч)	[ru'bɛʦ]

63. Doenças

doença (f)	хвороба (ж)	[hwo'rɔba]
estar doente	хворіти	[hwo'riti]
saúde (f)	здоров'я (c)	[zdo'rɔwʲa]
nariz (m) a escorrer	нежить (ч)	['nɛʒitʲ]

amigdalite (f)	ангіна (ж)	[an'ɦina]
constipação (f)	застуда (ж)	[za'studa]
constipar-se (vr)	застудитися	[zastu'ditisʲa]
bronquite (f)	бронхіт (ч)	[bron'hit]
pneumonia (f)	запалення (c) легенів	[za'palɛnja lɛ'ɦɛniw]
gripe (f)	грип (ч)	[ɦrip]
míope	короткозорий	[korotko'zɔrij]
presbita	далекозорий	[dalɛko'zɔrij]
estrabismo (m)	косоокість (ж)	[koso'ɔkistʲ]
estrábico	косоокий	[koso'ɔkij]
catarata (f)	катаракта (ж)	[kata'rakta]
glaucoma (m)	глаукома (ж)	[ɦlau'kɔma]
AVC (m), apoplexia (f)	інсульт (ч)	[in'sulʲt]
ataque (m) cardíaco	інфаркт (ч)	[in'farkt]
enfarte (m) do miocárdio	інфаркт (ч) міокарду	[in'farkt mio'kardu]
paralisia (f)	параліч (ч)	[para'litʃ]
paralisar (vt)	паралізувати	[paralizu'wati]
alergia (f)	алергія (ж)	[alɛr'ɦiʲa]
asma (f)	астма (ж)	['astma]
diabetes (f)	діабет (ч)	[dia'bɛt]
dor (f) de dentes	зубний біль (ч)	[zub'nij bilʲ]
cárie (f)	карієс (ч)	['kariɛs]
diarreia (f)	діарея (ж)	[dia'rɛʲa]
prisão (f) de ventre	запор (ч)	[za'pɔr]
desarranjo (m) intestinal	розлад (ч) шлунку	['rɔzlad 'ʃlunku]
intoxicação (f) alimentar	отруєння (c)	[ot'rʊɛnʲa]
intoxicar-se	отруїтись	[otru'jitisʲ]
artrite (f)	артрит (ч)	[art'rit]
raquitismo (m)	рахіт (ч)	[ra'hit]
reumatismo (m)	ревматизм (ч)	[rɛʊmo'tizm]
ꞁꞁᴊꞁꞁꜱꜱꞁꞁꞁꞁᴏꞁꞁᴏᴏᴏ (i)	атеросклероз (ч)	[atɛrosklɛ'rɔz]
gastrite (f)	гастрит (ч)	[ɦast'rit]
apendicite (f)	апендицит (ч)	[apɛndi'tsit]
colecistite (f)	холецистит (ч)	[holɛtsis'tit]
úlcera (f)	виразка (ж)	['wirazka]
sarampo (m)	кір (ч)	[kir]
rubéola (f)	краснуха (ж)	[kras'nuha]
iterícia (f)	жовтуха (ж)	[ʒow'tuha]
hepatite (f)	гепатит (ч)	[ɦɛpa'tit]
esquizofrenia (f)	шизофренія (ж)	[ʃizofrɛ'niʲa]
raiva (f)	сказ (ч)	[skaz]
neurose (f)	невроз (ч)	[nɛw'rɔz]
comoção (f) cerebral	струс (ч) мозку	['strus 'mɔzku]
cancro (m)	рак (ч)	[rak]
esclerose (f)	склероз (ч)	[sklɛ'rɔz]

esclerose (f) múltipla	розсіяний склероз (ч)	[roz'si¹anij sklɛ'rɔz]
alcoolismo (m)	алкоголізм (ч)	[alkoɦo'lizm]
alcoólico (m)	алкоголік (ч)	[alko'ɦɔlik]
sífilis (f)	сифіліс (ч)	['sifilis]
SIDA (f)	СНІД (ч)	[snid]

tumor (m)	пухлина (ж)	[puh'lina]
maligno	злоякісна	[zlo'¹akisna]
benigno	доброякісна	[dobro'¹akisna]

febre (f)	гарячка (ж)	[ɦa'r¹atʃka]
malária (f)	малярія (ж)	[mal¹a'ri¹a]
gangrena (f)	гангрена (ж)	[ɦan'ɦrɛna]
enjoo (m)	морська хвороба (ж)	[mors¹'ka hwo'rɔba]
epilepsia (f)	епілепсія (ж)	[ɛpi'lɛpsi¹a]

epidemia (f)	епідемія (ж)	[ɛpi'dɛmi¹a]
tifo (m)	тиф (ч)	[tif]
tuberculose (f)	туберкульоз (ч)	[tubɛrku'l¹oz]
cólera (f)	холера (ж)	[ho'lɛra]
peste (f)	чума (ж)	[tʃu'ma]

64. Sintomas. Tratamentos. Parte 1

sintoma (m)	симптом (ч)	[simp'tɔm]
temperatura (f)	температура (ж)	[tɛmpɛra'tura]
febre (f)	висока температура (ж)	[wi'sɔka tɛmpɛra'tura]
pulso (m)	пульс (ч)	[pul¹s]

vertigem (f)	запаморочення (с)	[za'pamorotʃɛn¹a]
quente (testa, etc.)	гарячий	[ɦa'r¹atʃij]
calafrio (m)	озноб (ч)	[oz'nɔb]
pálido	блідий	[bli'dij]

tosse (f)	кашель (ч)	['kaʃɛl¹]
tossir (vi)	кашляти	['kaʃl¹ati]
espirrar (vi)	чхати	['tʃhati]
desmaio (m)	непритомність (ж)	[nɛpri'tomnist¹]
desmaiar (vi)	знепритомніти	[znɛpri'tomniti]

nódoa (f) negra	синець (ч)	[si'nɛts]
galo (m)	гуля (ж)	['ɦul¹a]
magoar-se (vr)	ударитись	[u'daritis¹]
pisadura (f)	забите місце (с)	[za'bitɛ 'mistsɛ]
aleijar-se (vr)	забитися	[za'bitis¹a]

coxear (vi)	кульгати	[kul¹'ɦati]
deslocação (f)	вивих (ч)	['wiwih]
deslocar (vt)	вивихнути	['wiwihnuti]
fratura (f)	перелом (ч)	[pɛrɛ'lɔm]
fraturar (vt)	отримати перелом	[ot'rimati pɛrɛ'lom]

corte (m)	поріз (ч)	[po'riz]
cortar-se (vr)	порізатися	[po'rizatis¹a]

hemorragia (f)	кровотеча (ж)	[krowo'tɛtʃa]
queimadura (f)	опік (ч)	['ɔpik]
queimar-se (vr)	обпектися	[obpɛk'tisʲa]

picar (vt)	уколоти	[uko'lɔti]
picar-se (vr)	уколотися	[uko'lɔtisʲa]
lesionar (vt)	пошкодити	[poʃ'kɔditi]
lesão (m)	ушкодження (c)	[uʃ'kɔdʒɛnʲa]
ferida (f), ferimento (m)	рана (ж)	['rana]
trauma (m)	травма (ж)	['trawma]

delirar (vi)	марити	['mariti]
gaguejar (vi)	заїкатися	[zaji'katisʲa]
insolação (f)	сонячний удар (ч)	['sɔnʲatʃnij u'dar]

65. Sintomas. Tratamentos. Parte 2

| dor (f) | біль (ч) | [bilʲ] |
| farpa (no dedo) | скалка (ж) | ['skalka] |

suor (m)	піт (ч)	[pit]
suar (vi)	спітніти	[spit'niti]
vómito (m)	блювота (ж)	[blʲu'wɔta]
convulsões (f pl)	судома (ж)	[su'dɔma]

grávida	вагітна	[wa'ɦitna]
nascer (vi)	народитися	[naro'ditisʲa]
parto (m)	пологи (мн)	[po'lɔɦi]
dar à luz	народжувати	[na'rɔdʒuwati]
aborto (m)	аборт (ч)	[a'bɔrt]

respiração (f)	дихання (c)	['diɦanʲa]
inspiração (f)	вдих (ч)	[wdih]
expiração (f)	видих (ч)	['widih]
expirar (vi)	видихнути	['widihnuti]
inspirar (vi)	зробити вдих	[zro'biti wdih]

inválido (m)	інвалід (ч)	[inwa'lid]
aleijado (m)	каліка (ч)	[ka'lika]
toxicodependente (m)	наркоман (ч)	[narko'man]

surdo	глухий	[ɦlu'hij]
mudo	німий	[ni'mij]
surdo-mudo	глухонімий	[ɦluhoni'mij]

louco (adj.)	божевільний	[boʒɛ'wilʲnij]
louco (m)	божевільний (ч)	[boʒɛ'wilʲnij]
louca (f)	божевільна (ж)	[boʒɛ'wilʲna]
ficar louco	збожеволіти	[zboʒɛ'wɔliti]

gene (m)	ген (ч)	[ɦɛn]
imunidade (f)	імунітет (ч)	[imuni'tɛt]
hereditário	спадковий	[spad'kɔwij]
congénito	вроджений	['wrɔdʒɛnij]

vírus (m)	вірус (ч)	['wirus]
micróbio (m)	мікроб (ч)	[mik'rɔb]
bactéria (f)	бактерія (ж)	[bak'tɛriʲa]
infeção (f)	інфекція (ж)	[in'fɛktsiʲa]

66. Sintomas. Tratamentos. Parte 3

| hospital (m) | лікарня (ж) | [li'karnʲa] |
| paciente (m) | пацієнт (ч) | [patsi'ɛnt] |

diagnóstico (m)	діагноз (ч)	[di'aɦnoz]
cura (f)	лікування (с)	[liku'wanʲa]
tratamento (m) médico	лікування (с)	[liku'wanʲa]
curar-se (vr)	лікуватися	[liku'watisʲa]
tratar (vt)	лікувати	[liku'wati]
cuidar (pessoa)	доглядати	[doɦlʲa'dati]
cuidados (m pl)	догляд (ч)	['dɔɦlʲad]

operação (f)	операція (ж)	[opɛ'ratsiʲa]
enfaixar (vt)	перев'язати	[pɛrɛwʲa'zati]
enfaixamento (m)	перев'язка (ж)	[pɛrɛ'wʲazka]

vacinação (f)	щеплення (с)	['ɕɛplɛnʲa]
vacinar (vt)	робити щеплення	[ro'biti 'ɕɛplɛnʲa]
injeção (f)	ін'єкція (ж)	[i'nʲɛktsiʲa]
dar uma injeção	робити укол	[ro'biti u'kɔl]

ataque (~ de asma, etc.)	напад	['napad]
amputação (f)	ампутація (ж)	[ampu'tatsiʲa]
amputar (vt)	ампутувати	[amputu'wati]
coma (f)	кома (ж)	['kɔma]
estar em coma	бути в комі	['buti w 'kɔmi]
reanimação (f)	реанімація (ж)	[rɛani'matsiʲa]

recuperar-se (vr)	видужувати	[wi'duʒuwati]
estado (~ de saúde)	стан (ч)	['stan]
consciência (f)	свідомість (ж)	[swi'dɔmistʲ]
memória (f)	пам'ять (ж)	['pamʲatʲ]

tirar (vt)	видалити	['widaliti]
chumbo (m), obturação (f)	пломба (ж)	['plɔmba]
chumbar, obturar (vt)	пломбувати	[plombu'wati]

| hipnose (f) | гіпноз (ч) | [ɦip'nɔz] |
| hipnotizar (vt) | гіпнотизувати | [ɦipnotizu'wati] |

67. Medicina. Drogas. Acessórios

medicamento (m)	ліки (мн)	['liki]
remédio (m)	засіб (ч)	['zasib]
receitar (vt)	прописати	[propi'sati]
receita (f)	рецепт (ч)	[rɛ'tsɛpt]

comprimido (m)	пігулка (ж)	[pi'ɦulka]
pomada (f)	мазь (ж)	[mazʲ]
ampola (f)	ампула (ж)	['ampula]
preparado (m)	мікстура (ж)	[miks'tura]
xarope (m)	сироп (ч)	[sɨ'rɔp]
cápsula (f)	пігулка (ж)	[pi'ɦulka]
remédio (m) em pó	порошок (ч)	[poro'ʃɔk]
ligadura (f)	бинт (ч)	[bɨnt]
algodão (m)	вата (ж)	['wata]
iodo (m)	йод (ч)	[ʲod]
penso (m) rápido	лейкопластир (ч)	[lɛjko'plastɨr]
conta-gotas (m)	піпетка (ж)	[pi'pɛtka]
termómetro (m)	градусник (ч)	['ɦradusnɨk]
seringa (f)	шприц (ч)	[ʃprɨts]
cadeira (f) de rodas	інвалідне крісло (с)	[inwa'lidnɛ 'krislo]
muletas (f pl)	милиці (мн)	['mɨlɨtsi]
analgésico (m)	знеболювальне (с)	[znɛ'bɔlʲuwalʲnɛ]
laxante (m)	проносне (с)	[pronos'nɛ]
álcool (m) etílico	спирт (ч)	[spɨrt]
ervas (f pl) medicinais	лікарська трава (ж)	['likarsʲka tra'wa]
de ervas (chá ~)	трав'яний	[trawʲa'nɨj]

APARTAMENTO

apartamento (m)	квартира (ж)	[kwar'tira]
quarto (m)	кімната (ж)	[kim'nata]
quarto (m) de dormir	спальня (ж)	['spalˈnˈa]
sala (f) de jantar	їдальня (ж)	['jidalˈnˈa]
sala (f) de estar	вітальня (ж)	[wi'talˈnˈa]
escritório (m)	кабінет (ч)	[kabi'nɛt]

antessala (f)	передпокій (ч)	[pɛrɛd'pɔkij]
quarto (m) de banho	ванна кімната (ж)	['wana kim'nata]
toilette (lavabo)	туалет (ч)	[tua'lɛt]

teto (m)	стеля (ж)	['stɛlˈa]
chão, soalho (m)	підлога (ж)	[pid'lɔɦa]
canto (m)	куток (ч)	[ku'tɔk]

mobiliário (m)	меблі (мн)	['mɛbli]
mesa (f)	стіл (ч)	[stil]
cadeira (f)	стілець (ч)	[sti'lɛts]
cama (f)	ліжко (с)	['liʒko]
divã (m)	диван (ч)	[di'wan]
cadeirão (m)	крісло (с)	['krislo]

estante (f)	шафа (ж)	['ʃafa]
prateleira (f)	полиця (ж)	[po'litsˈa]

guarda-vestidos (m)	шафа (ж)	['ʃafa]
cabide (m) de parede	вішалка (ж)	['wiʃalka]
cabide (m) de pé	вішак (ч)	[wi'ʃak]

cómoda (f)	комод (ч)	[ko'mɔd]
mesinha (f) de centro	журнальний столик (ч)	[ʒur'nalˈnij 'stɔlik]

espelho (m)	дзеркало (с)	['dzɛrkalo]
tapete (m)	килим (ч)	['kilim]
tapete (m) pequeno	килимок (ч)	[kili'mɔk]

lareira (f)	камін (ч)	[ka'min]
vela (f)	свічка (ж)	['switʃka]
castiçal (m)	свічник (ч)	[switʃ'nik]

cortinas (f pl)	штори (мн)	['ʃtori]
papel (m) de parede	шпалери (мн)	[ʃpa'lɛri]

estores (f pl)	жалюзі (мн)	['ʒalʲuzi]
candeeiro (m) de mesa	настільна лампа (ж)	[na'stilʲna 'lampa]
candeeiro (m) de parede	світильник (ч)	[swi'tilʲnik]
candeeiro (m) de pé	торшер (ч)	[tor'ʃɛr]
lustre (m)	люстра (ж)	['lʲustra]

pé (de mesa, etc.)	ніжка (ж)	['niʒka]
braço (m)	підлокітник (ч)	[pidlo'kitnik]
costas (f pl)	спинка (ж)	['spinka]
gaveta (f)	шухляда (ж)	[ʃuh'lʲada]

70. Quarto de dormir

roupa (f) de cama	білизна (ж)	[bi'lizna]
almofada (f)	подушка (ж)	[po'duʃka]
fronha (f)	наволочка (ж)	['nawoloʧka]
cobertor (m)	ковдра (ж)	['kɔwdra]
lençol (m)	простирадло (с)	[prosti'radlo]
colcha (f)	покривало (с)	[pokri'walo]

71. Cozinha

cozinha (f)	кухня (ж)	['kuhnʲa]
gás (m)	газ (ч)	[ɦaz]
fogão (m) a gás	плита (ж) газова	[pli'ta 'ɦazowa]
fogão (m) elétrico	плита (ж) електрична	[pli'ta ɛlɛkt'riʧna]
forno (m)	духовка (ж)	[du'hɔwka]
forno (m) de micro-ondas	мікрохвильова піч (ж)	[mikrohwilʲo'wa piʧ]

frigorífico (m)	холодильник (ч)	[holo'dilʲnik]
congelador (m)	морозильник (ч)	[moro'zilʲnik]
máquina (f) de lavar louça	посудомийна машина (ж)	[posudo'mijna ma'ʃina]

moedor (m) de carne	м'ясорубка (ж)	[mʲʲaso'rubka]
espremedor (m)	соковижималка (ж)	[sokowiʒi'malka]
torradeira (f)	тостер (ч)	['tɔstɛr]
batedeira (f)	міксер (ч)	['miksɛr]

máquina (f) de café	кавоварка (ж)	[kawo'warka]
cafeteira (f)	кавник (ч)	[kaw'nik]
moinho (m) de café	кавомолка (ж)	[kawo'mɔlka]

chaleira (f)	чайник (ч)	['ʧajnik]
bule (m)	заварник (ч)	[za'warnik]
tampa (f)	кришка (ж)	['kriʃka]
coador (m) de chá	ситечко (с)	['sitɛʧko]

colher (f)	ложка (ж)	['lɔʒka]
colher (f) de chá	чайна ложка (ж)	['ʧajna 'lɔʒka]
colher (f) de sopa	столова ложка (ж)	[sto'lɔwa 'lɔʒka]
garfo (m)	виделка (ж)	[wi'dɛlka]
faca (f)	ніж (ч)	[niʒ]

louça (f)	посуд (ч)	['pɔsud]
prato (m)	тарілка (ж)	[ta'rilka]
pires (m)	блюдце (с)	['blʲudʦɛ]

cálice (m)	чарка (ж)	['ʧarka]
copo (m)	склянка (ж)	['sklʲanka]
chávena (f)	чашка (ж)	['ʧaʃka]

açucareiro (m)	цукорниця (ж)	['ʦukornitsʲa]
saleiro (m)	сільничка (ж)	[silʲ'niʧka]
pimenteiro (m)	перечниця (ж)	['pɛrɛʧnitsʲa]
manteigueira (f)	маслянка (ж)	['maslʲanka]

panela, caçarola (f)	каструля (ж)	[kas'trulʲa]
frigideira (f)	сковорідка (ж)	[skowo'ridka]
concha (f)	черпак (ч)	[ʧɛr'pak]
passador (m)	друшляк (ч)	[druʃ'lʲak]
bandeja (f)	піднос (ч)	[pid'nɔs]

garrafa (f)	пляшка (ж)	['plʲaʃka]
boião (m) de vidro	банка (ж)	['banka]
lata (f)	бляшанка (ж)	[blʲa'ʃanka]

abre-garrafas (m)	відкривачка (ж)	[widkri'waʧka]
abre-latas (m)	відкривачка (ж)	[widkri'waʧka]
saca-rolhas (m)	штопор (ч)	['ʃtɔpor]
filtro (m)	фільтр (ч)	['filʲtr]
filtrar (vt)	фільтрувати	[filʲtru'wati]

| lixo (m) | сміття (с) | [smit'tʲa] |
| balde (m) do lixo | відро (с) для сміття | [wid'ro dlʲa smit'tʲa] |

72. Casa de banho

quarto (m) de banho	ванна кімната (ж)	['wana kim'nata]
água (f)	вода (ж)	[wo'da]
torneira (f)	кран (ч)	[kran]
água (f) quente	гаряча вода (ж)	[ħa'rʲaʧa wo'da]
água (f) fria	холодна вода (ж)	[ho'lɔdna wo'da]

pasta (f) de dentes	зубна паста (ж)	[zub'na 'pasta]
escovar os dentes	чистити зуби	['ʧistiti 'zubi]
escova (f) de dentes	зубна щітка (ж)	[zub'na 'ɕitka]

barbear-se (vr)	голитися	[ħo'litisʲa]
espuma (f) de barbear	піна (ж) для гоління	['pina dlʲa ħo'linʲa]
máquina (f) de barbear	бритва (ж)	['britwa]

lavar (vt)	мити	['miti]
lavar-se (vr)	митися	['mitisʲa]
duche (m)	душ (ч)	[duʃ]
tomar um duche	приймати душ	[prij'mati duʃ]
banheira (f)	ванна (ж)	['wana]
sanita (f)	унітаз (ч)	[uni'taz]

lavatório (m)	раковина (ж)	['rakowina]
sabonete (m)	мило (c)	['miɫo]
saboneteira (f)	мильниця (ж)	['milʲnitsʲa]
esponja (f)	губка (ж)	['ɦubka]
champô (m)	шампунь (ч)	[ʃam'punʲ]
toalha (f)	рушник (ч)	[ruʃ'nik]
roupão (m) de banho	халат (ч)	[ɦa'lat]
lavagem (f)	прання (c)	[pra'nʲa]
máquina (f) de lavar	пральна машина (ж)	['pralʲna ma'ʃina]
lavar a roupa	прати білизну	['prati bi'liznu]
detergente (m)	пральний порошок (ч)	['pralʲnij poro'ʃok]

73. Eletrodomésticos

televisor (m)	телевізор (ч)	[tɛlɛ'wizor]
gravador (m)	магнітофон (ч)	[maɦnito'fɔn]
videogravador (m)	відеомагнітофон (ч)	['widɛo maɦnito'fɔn]
rádio (m)	приймач (ч)	[prij'matʃ]
leitor (m)	плеєр (ч)	['plɛɛr]
projetor (m)	відеопроектор (ч)	['widɛo pro'ɛktor]
cinema (m) em casa	домашній кінотеатр (ч)	[do'maʃnij kinotɛ'atr]
leitor (m) de DVD	програвач (ч) DVD	[proɦra'watʃ diwi'di]
amplificador (m)	підсилювач (ч)	[pid'silʲuwatʃ]
console (f) de jogos	гральна приставка (ж)	['ɦralʲna pri'stawka]
câmara (f) de vídeo	відеокамера (ж)	['widɛo 'kamɛra]
máquina (f) fotográfica	фотоапарат (ч)	[fotoapa'rat]
câmara (f) digital	цифровий фотоапарат (ч)	[tsifro'wij fotoapa'rat]
aspirador (m)	пилосос (ч)	[piɫo'sɔs]
ferro (m) de engomar	праска (ж)	['praska]
tábua (f) de engomar	дошка (ж) для прасування	['doʃka dlʲa prasu'wanʲa]
telefone (m)	телефон (ч)	[tɛlɛ'fɔn]
telemóvel (m)	мобільний телефон (ч)	[mo'bilʲnij tɛlɛ'fɔn]
máquina (f) de escrever	писемна машинка (ж)	[pi'sɛmna ma'ʃinka]
máquina (f) de costura	швейна машинка (ж)	['ʃwɛjna ma'ʃinka]
microfone (m)	мікрофон (ч)	[mikro'fɔn]
auscultadores (m pl)	навушники (мн)	[na'wuʃniki]
controlo remoto (m)	пульт (ч)	[pulʲt]
CD (m)	CD-диск (ч)	[si'di disk]
cassete (f)	касета (ж)	[ka'sɛta]
disco (m) de vinil	платівка (ж)	[pla'tiwka]

A TERRA. TEMPO

74. Espaço sideral

cosmos (m)	космос (ч)	['kɔsmos]
cósmico	космічний	[kos'miʧnij]
espaço (m) cósmico	космічний простір (ч)	[kos'miʧnij 'prɔstir]
mundo (m)	світ (ч)	[swit]
universo (m)	всесвіт (ч)	['wsɛswit]
galáxia (f)	галактика (ж)	[ɦa'laktika]
estrela (f)	зірка (ж)	['zirka]
constelação (f)	сузір'я (с)	[su'zirʲa]
planeta (m)	планета (ж)	[pla'nɛta]
satélite (m)	супутник (ч)	[su'putnik]
meteorito (m)	метеорит (ч)	[mɛtɛo'rit]
cometa (m)	комета (ж)	[ko'mɛta]
asteroide (m)	астероїд (ч)	[astɛ'rɔjɨd]
órbita (f)	орбіта (ж)	[or'bita]
girar (vi)	обертатися	[obɛr'tatisʲa]
atmosfera (f)	атмосфера (ж)	[atmos'fɛra]
Sol (m)	Сонце (с)	['sɔnʦɛ]
Sistema (m) Solar	Сонячна система (ж)	['sɔnʲaʧna sis'tɛma]
eclipse (m) solar	сонячне затемнення (с)	['sɔnʲaʧnɛ za'tɛmnɛnʲa]
Terra (f)	Земля (ж)	[zɛm'lʲa]
Lua (f)	Місяць (ж)	['misʲaʦ]
Marte (m)	Марс (ч)	[mars]
Vénus (f)	Венера (ж)	[wɛ'nɛra]
Júpiter (m)	Юпітер (ч)	[ʲu'pitɛr]
Saturno (m)	Сатурн (ч)	[sa'turn]
Mercúrio (m)	Меркурій (ч)	[mɛr'kurij]
Urano (m)	Уран (ч)	[u'ran]
Neptuno (m)	Нептун (ч)	[nɛp'tun]
Plutão (m)	Плутон (ч)	[plu'tɔn]
Via Láctea (f)	Чумацький Шлях (ч)	[ʧu'maʦkij ʃlʲah]
Ursa Maior (f)	Велика Ведмедиця (ж)	[wɛ'lika wɛd'mɛdiʦʲa]
Estrela Polar (f)	Полярна Зірка (ж)	[po'lʲarna 'zirka]
marciano (m)	марсіанин (ч)	[marsi'anin]
extraterrestre (m)	інопланетянин (ч)	[inoplanɛ'tʲanin]

alienígena (m)	прибулець (ч)	[pri'bulɛts]
disco (m) voador	літаюча тарілка (ж)	[liˈtaʲutʃa taˈrilka]
nave (f) espacial	космічний корабель (ч)	[kosˈmitʃnij koraˈbɛlʲ]
estação (f) orbital	орбітальна станція (ж)	[orbiˈtalʲna ˈstantsiʲa]
lançamento (m)	старт (ч)	[start]
motor (m)	двигун (ч)	[dwiˈɦun]
bocal (m)	сопло (c)	[ˈsɔplo]
combustível (m)	паливо (c)	[ˈpaliwo]
cabine (f)	кабіна (ж)	[kaˈbina]
antena (f)	антена (ж)	[anˈtɛna]
vigia (f)	ілюмінатор (ч)	[ilʲumiˈnator]
bateria (f) solar	сонячна батарея (ж)	[ˈsɔnʲatʃna bataˈrɛʲa]
traje (m) espacial	скафандр (ч)	[skaˈfandr]
imponderabilidade (f)	невагомість (ж)	[nɛwaˈɦomistʲ]
oxigénio (m)	кисень (ч)	[ˈkisɛnʲ]
acoplagem (f)	стикування (c)	[stikuˈwanʲa]
fazer uma acoplagem	здійснювати стикування	[ˈzdijsnʲuwati stikuˈwanʲa]
observatório (m)	обсерваторія (ж)	[obsɛrwaˈtɔriʲa]
telescópio (m)	телескоп (ч)	[tɛlɛˈskɔp]
observar (vt)	спостерігати	[spostɛriˈɦati]
explorar (vt)	досліджувати	[doˈslidʒuwati]

75. A Terra

Terra (f)	Земля (ж)	[zɛmˈlʲa]
globo terrestre (Terra)	земна куля (ж)	[zɛmˈna ˈkulʲa]
planeta (m)	планета (ж)	[plaˈnɛta]
atmosfera (f)	атмосфера (ж)	[atmosˈfɛra]
geografia (f)	географія (ж)	[ɦɛoˈhrafiʲa]
natureza (f)	природа (ж)	[priˈroda]
globo (mapa esférico)	глобус (ч)	[ˈɦlɔbus]
mapa (m)	карта (ж)	[ˈkarta]
atlas (m)	атлас (ч)	[ˈatlas]
Europa (f)	Європа (ж)	[ɛwˈrɔpa]
Ásia (f)	Азія (ж)	[ˈaziʲa]
África (f)	Африка (ж)	[ˈafrika]
Austrália (f)	Австралія (ж)	[awˈstraliʲa]
América (f)	Америка (ж)	[aˈmɛrika]
América (f) do Norte	Північна Америка (ж)	[piwˈnitʃna aˈmɛrika]
América (f) do Sul	Південна Америка (ж)	[piwˈdɛna aˈmɛrika]
Antártida (f)	Антарктида (ж)	[antarkˈtida]
Ártico (m)	Арктика (ж)	[ˈarktika]

76. Pontos cardeais

norte (m)	північ (ж)	['piwnitʃ]
para norte	на північ	[na 'piwnitʃ]
no norte	на півночі	[na 'piwnotʃi]
do norte	північний	[piw'nitʃnij]

sul (m)	південь (ч)	['piwdɛnʲ]
para sul	на південь	[na 'piwdɛnʲ]
no sul	на півдні	[na 'piwdni]
do sul	південний	[piw'dɛnij]

oeste, ocidente (m)	захід (ч)	['zahid]
para oeste	на захід	[na 'zahid]
no oeste	на заході	[na 'zahodi]
ocidental	західний	['zahidnij]

leste, oriente (m)	схід (ч)	[shid]
para leste	на схід	[na 'shid]
no leste	на сході	[na 'shodi]
oriental	східний	['shidnij]

77. Mar. Oceano

mar (m)	море (c)	['mɔrɛ]
oceano (m)	океан (ч)	[okɛ'an]
golfo (m)	затока (ж)	[za'tɔka]
estreito (m)	протока (ж)	[pro'tɔka]

terra (f) firme	земля, суша (ж)	[zɛm'lʲa], ['suʃa]
continente (m)	материк (ч)	[matɛ'rik]
ilha (f)	острів (ч)	['ɔstriw]
península (f)	півострів (ч)	[pi'wɔstriw]
arquipélago (m)	архіпелаг (ч)	[arhipɛ'lah]

baía (f)	бухта (ж)	['buhta]
porto (m)	гавань (ж)	['hawanʲ]
lagoa (f)	лагуна (ж)	[la'huna]
cabo (m)	мис (ч)	[mis]

atol (m)	атол (ч)	[a'tɔl]
recife (m)	риф (ч)	[rif]
coral (m)	корал (ч)	[ko'ral]
recife (m) de coral	кораловий риф (ч)	[ko'ralowij rif]

profundo	глибокий	[hli'bɔkij]
profundidade (f)	глибина (ж)	[hlibi'na]
abismo (m)	безодня (ж)	[bɛ'zɔdnʲa]
fossa (f) oceânica	западина (ж)	[za'padina]

corrente (f)	течія (ж)	['tɛtʃiʲa]
banhar (vt)	омивати	[omi'wati]
litoral (m)	берег (ч)	['bɛrɛh]

costa (f)	узбережжя (c)	[uzbɛ'rɛzʲa]
maré (f) alta	приплив (ч)	[prip'lʲiw]
refluxo (m), maré (f) baixa	відлив (ч)	[wid'lʲiw]
restinga (f)	мілина (ж)	[milʲi'na]
fundo (m)	дно (c)	[dno]

onda (f)	хвиля (ж)	['hwilʲa]
crista (f) da onda	гребінь (ч) хвилі	['ɦrɛbinʲ 'hwili]
espuma (f)	піна (ж)	[pi'na]

tempestade (f)	буря (ж)	['burʲa]
furacão (m)	ураган (ч)	[uraɦan]
tsunami (m)	цунамі (c)	[ʦu'nami]
calmaria (f)	штиль (ч)	[ʃtilʲ]
calmo	спокійний	[spo'kijnij]

| polo (m) | полюс (ч) | ['polʲus] |
| polar | полярний | [po'lʲarnij] |

latitude (f)	широта (ж)	[ʃiro'ta]
longitude (f)	довгота (ж)	[dowɦo'ta]
paralela (f)	паралель (ж)	[para'lɛlʲ]
equador (m)	екватор (ч)	[ɛk'wator]

céu (m)	небо (c)	['nɛbo]
horizonte (m)	горизонт (ч)	[ɦori'zont]
ar (m)	повітря (c)	[po'witrʲa]

farol (m)	маяк (ч)	[ma'ʲak]
mergulhar (vi)	пірнати	[pir'nati]
afundar-se (vr)	затонути	[zato'nuti]
tesouros (m pl)	скарби (мн)	[skar'bɨ]

78. Nomes de Mares e Oceanos

Oceano (m) Atlântico	Атлантичний Океан (ч)	[atlan'titʃnij okɛ'an]
Oceano (m) Índico	Індійський океан (ч)	[in'dijsʲkij okɛ'an]
Oceano (m) Pacífico	Тихий океан (ч)	['tiɦij okɛ'an]
Oceano (m) Ártico	Північний Льодовитий океан (ч)	[piw'nitʃnij lʲodo'witij okɛ'an]

Mar (m) Negro	Чорне море (c)	['tʃornɛ 'mɔrɛ]
Mar (m) Vermelho	Червоне море (c)	[tʃer'wonɛ 'mɔrɛ]
Mar (m) Amarelo	Жовте море (c)	['ʒowtɛ 'mɔrɛ]
Mar (m) Branco	Біле море (c)	['bilɛ 'mɔrɛ]

Mar (m) Cáspio	Каспійське море (c)	[kas'pijsʲkɛ 'mɔrɛ]
Mar (m) Morto	Мертве море (c)	['mɛrtwɛ 'mɔrɛ]
Mar (m) Mediterrâneo	Середземне море (c)	[sɛrɛ'dzɛmnɛ 'mɔrɛ]

Mar (m) Egeu	Егейське море (c)	[ɛ'ɦɛjsʲkɛ 'mɔrɛ]
Mar (m) Adriático	Адріатичне море (c)	[adria'titʃnɛ 'mɔrɛ]
Mar (m) Arábico	Аравійське море (c)	[ara'wijsʲkɛ 'mɔrɛ]
Mar (m) do Japão	Японське море (c)	[ja'ponsʲkɛ 'mɔrɛ]

| Mar (m) de Bering | Берингове море (c) | ['bɛrinɦowɛ 'mɔrɛ] |
| Mar (m) da China Meridional | Південно-Китайське море (c) | [piw'dɛno ki'tajsʲkɛ 'mɔrɛ] |

Mar (m) de Coral	Коралове море (c)	[ko'ralowɛ 'mɔrɛ]
Mar (m) de Tasman	Тасманове море (c)	[tas'manowɛ 'mɔrɛ]
Mar (m) do Caribe	Карибське море (c)	[ka'ribsʲkɛ 'mɔrɛ]

| Mar (m) de Barents | Баренцеве море (c) | ['barɛntsɛwɛ 'mɔrɛ] |
| Mar (m) de Kara | Карське море (c) | ['karsʲkɛ 'mɔrɛ] |

Mar (m) do Norte	Північне море (c)	[piw'nitʃnɛ 'mɔrɛ]
Mar (m) Báltico	Балтійське море (c)	[bal'tijsʲkɛ 'mɔrɛ]
Mar (m) da Noruega	Норвезьке море (c)	[nor'wɛzʲkɛ 'mɔrɛ]

79. Montanhas

montanha (f)	гора (ж)	[ɦo'ra]
cordilheira (f)	гірський ланцюг (ч)	[ɦirsʲ'kij lan'tsʲuɦ]
serra (f)	гірський хребет (ч)	[ɦirsʲ'kij hrɛ'bɛt]

cume (m)	вершина (ж)	[wɛr'ʃina]
pico (m)	шпиль (ч)	[ʃpilʲ]
sopé (m)	підніжжя (c)	[pid'niʒʲa]
declive (m)	схил (ч)	[shil]

vulcão (m)	вулкан (ч)	[wul'kan]
vulcão (m) ativo	діючий вулкан (ч)	['diʲutʃij wul'kan]
vulcão (m) extinto	згаслий вулкан (ч)	['zɦaslij wul'kan]

erupção (f)	виверження (c)	['wiwɛrʒɛnʲa]
cratera (f)	кратер (ч)	['kratɛr]
magma (m)	магма (ж)	['maɦma]
lava (f)	лава (ж)	['lawa]
fundido (lava ~a)	розжарений	[roz'ʒarɛnij]

desfiladeiro (m)	каньйон (ч)	[kanʲ'jon]
garganta (f)	ущелина (ж)	[u'ɕɛlina]
fenda (f)	розщілина (ж)	[roz'ɕilina]
precipício (m)	прірва (ж), обрив (ч)	['prirwa], [ob'riw]

passo, colo (m)	перевал (ч)	[pɛrɛ'wal]
planalto (m)	плато (c)	['plato]
falésia (f)	скеля (ж)	['skɛlʲa]
colina (f)	пагорб (ч)	['paɦorb]

glaciar (m)	льодовик (ч)	[lʲodo'wik]
queda (f) d'água	водоспад (ч)	[wodos'pad]
géiser (m)	гейзер (ч)	['ɦejzɛr]
lago (m)	озеро (c)	['ozɛro]

planície (f)	рівнина (ж)	[riw'nina]
paisagem (f)	краєвид (ч)	[kraɛ'wid]
eco (m)	луна (ж)	[lu'na]

79

alpinista (m)	альпініст (ч)	[alˈpiˈnist]
escalador (m)	скелелаз (ч)	[skɛlɛˈlaz]
conquistar (vt)	підкоряти	[pidkoˈrʲati]
subida, escalada (f)	підйом (ч)	[pidˈjɔm]

80. Nomes de montanhas

Alpes (m pl)	Альпи (мн)	[ˈalʲpi]
monte Branco (m)	Монблан (ч)	[monˈblan]
Pirineus (m pl)	Піренеї (мн)	[pirɛˈnɛji]
Cárpatos (m pl)	Карпати (мн)	[karˈpati]
montes (m pl) Urais	Уральські гори (мн)	[uˈralʲsʲki ˈɦori]
Cáucaso (m)	Кавказ (ч)	[kawˈkaz]
Elbrus (m)	Ельбрус (ч)	[ɛlʲbˈrus]
Altai (m)	Алтай (ч)	[alˈtaj]
Tian Shan (m)	Тянь-Шань (мн)	[tʲanʲ ˈʃanʲ]
Pamir (m)	Памір (ч)	[paˈmir]
Himalaias (m pl)	Гімалаї (мн)	[ɦimaˈlaji]
monte (m) Everest	Еверест (ч)	[ɛwɛˈrɛst]
Cordilheira (f) dos Andes	Анди (мн)	[ˈandi]
Kilimanjaro (m)	Кіліманджаро (ж)	[kilimanˈʤaro]

81. Rios

rio (m)	ріка (ж)	[ˈrika]
fonte, nascente (f)	джерело (с)	[ʤɛrɛˈlɔ]
leito (m) do rio	річище (с)	[ˈritʃiɕɛ]
bacia (f)	басейн (ч)	[baˈsɛjn]
desaguar no …	впадати у…	[wpaˈdati u…]
afluente (m)	притока (ж)	[priˈtɔka]
margem (do rio)	берег (ч)	[ˈbɛrɛɦ]
corrente (f)	течія (ж)	[ˈtɛtʃiʲa]
rio abaixo	вниз за течією	[wniz za ˈtɛtʃiɛʲu]
rio acima	уверх за течією	[uˈwɛrh po ˈtɛtʃiɛʲu]
inundação (f)	повінь (ж)	[ˈpowinʲ]
cheia (f)	повінь (ж)	[ˈpowinʲ]
transbordar (vi)	розливатися	[rozliˈwatisʲa]
inundar (vt)	затоплювати	[zaˈtɔplʲuwati]
banco (m) de areia	мілина (ж)	[miliˈna]
rápidos (m pl)	поріг (ч)	[poˈriɦ]
barragem (f)	гребля (ж)	[ˈɦrɛblʲa]
canal (m)	канал (ч)	[kaˈnal]
reservatório (m) de água	водосховище (с)	[wodoˈshowiɕɛ]
eclusa (f)	шлюз (ч)	[ʃlʲuz]

corpo (m) de água	водойма (ж)	[wo'dɔjma]
pântano (m)	болото (с)	[bo'lɔto]
tremedal (m)	трясовина (ж)	[trʲasowi'na]
remoinho (m)	вир (ч)	[wir]

arroio, regato (m)	струмок (ч)	[stru'mɔk]
potável	питний	['pitnij]
doce (água)	прісний	['prisnij]

| gelo (m) | лід (ч), крига (ж) | [lid], ['kriĥa] |
| congelar-se (vr) | замерзнути | [za'mɛrznuti] |

82. Nomes de rios

| rio Sena (m) | Сена (ж) | ['sɛna] |
| rio Loire (m) | Луара (ж) | [lu'ara] |

rio Tamisa (m)	Темза (ж)	['tɛmza]
rio Reno (m)	Рейн (ч)	[rɛjn]
rio Danúbio (m)	Дунай (ч)	[du'naj]

rio Volga (m)	Волга (ж)	['wɔlĥa]
rio Don (m)	Дон (ч)	[don]
rio Lena (m)	Лена (ж)	['lɛna]

rio Amarelo (m)	Хуанхе (ж)	[huan'hɛ]
rio Yangtzé (m)	Янцзи (ж)	[jants'zi]
rio Mekong (m)	Меконг (ч)	[mɛ'kɔnĥ]
rio Ganges (m)	Ганг (ч)	[ĥanĥ]

rio Nilo (m)	Ніл (ч)	[nil]
rio Congo (m)	Конго (ж)	['kɔnĥo]
rio Cubango (m)	Окаванго (ж)	[oka'wanĥo]
rio Zambeze (m)	Замбезі (ж)	[zam'bɛzi]
rio Limpopo (m)	Лімпопо (ж)	[limpo'pɔ]
rio Mississípi (m)	Міссісіпі (ж)	[misi'sipi]

83. Floresta

| floresta (f), bosque (m) | ліс (ч) | [lis] |
| florestal | лісовий | [liso'wij] |

mata (f) cerrada	хаща (ж)	['haɕa]
arvoredo (m)	гай (ч)	[ĥaj]
clareira (f)	галявина (ж)	[ĥa'lʲawina]

| matagal (m) | зарості (мн) | ['zarosti] |
| mato (m) | чагарник (ч) | [ʧa'ĥarnik] |

vereda (f)	стежина (ж)	[stɛ'ʒina]
ravina (f)	яр (ч)	[jar]
árvore (f)	дерево (с)	['dɛrɛwo]

folha (f)	листок (ч)	[lis'tɔk]
folhagem (f)	листя (с)	['listʲa]

queda (f) das folhas	листопад (ч)	[listo'pad]
cair (vi)	опадати	[opa'dati]
topo (m)	верхівка (ж)	[wɛr'hiwka]

ramo (m)	гілка (ж)	['ɦilka]
galho (m)	сук (ч)	[suk]
botão, rebento (m)	брунька (ж)	['brunʲka]
agulha (f)	голка (ж)	['ɦolka]
pinha (f)	шишка (ж)	['ʃiʃka]

buraco (m) de árvore	дупло (с)	[dup'lɔ]
ninho (m)	гніздо (с)	[ɦniz'dɔ]

tronco (m)	стовбур (ч)	['stɔwbur]
raiz (f)	корінь (ч)	['kɔrinʲ]
casca (f) de árvore	кора (ж)	[ko'ra]
musgo (m)	мох (ч)	[moh]

arrancar pela raiz	корчувати	[kortʃu'wati]
cortar (vt)	рубати	[ru'bati]
desflorestar (vt)	вирубувати ліс	[wi'rubuwati lis]
toco, cepo (m)	пень (ч)	[pɛnʲ]

fogueira (f)	багаття (с)	[ba'ɦattʲa]
incêndio (m) florestal	лісова пожежа (ж)	[liso'wa po'ʒɛʒa]
apagar (vt)	тушити	[tu'ʃiti]

guarda-florestal (m)	лісник (ч)	[lis'nik]
proteção (f)	охорона (ж)	[oho'rɔna]
proteger (a natureza)	охороняти	[ohoro'nʲati]
caçador (m) furtivo	браконьєр (ч)	[brako'nʲɛr]
armadilha (f)	капкан (ч)	[kap'kan]

colher (cogumelos)	збирати	[zbi'rati]
colher (bagas)	збирати	[zbi'rati]
perder-se (vr)	заблукати	[zablu'kati]

84. Recursos naturais

recursos (m pl) naturais	природні ресурси (мн)	[pri'rɔdni rɛ'sursi]
minerais (m pl)	корисні копалини (мн)	['kɔrisni ko'palini]
depósitos (m pl)	поклади (мн)	['pɔkladi]
jazida (f)	родовище (с)	[ro'dɔwiçɛ]

extrair (vt)	добувати	[dobu'wati]
extração (f)	добування (с)	[dobu'wanʲa]
minério (m)	руда (ж)	[ru'da]
mina (f)	копальня (ж)	[ko'palʲnʲa]
poço (m) de mina	шахта (ж)	['ʃahta]
mineiro (m)	шахтар (ч)	[ʃah'tar]
gás (m)	газ (ч)	[ɦaz]

gasoduto (m)	газопровід (ч)	[ɦazopro'wid]
petróleo (m)	нафта (ж)	['nafta]
oleoduto (m)	нафтопровід (ч)	[nafto'prɔwid]
poço (m) de petróleo	нафтова вишка (ж)	['naftowa 'wiʃka]
torre (f) petrolífera	свердлова вежа (ж)	[swɛrd'lɔwa 'wɛʒa]
petroleiro (m)	танкер (ч)	['tankɛr]

areia (f)	пісок (ч)	[pi'sɔk]
calcário (m)	вапняк (ч)	[wap'nʲak]
cascalho (m)	гравій (ч)	['ɦrawij]
turfa (f)	торф (ч)	[torf]
argila (f)	глина (ж)	['ɦlina]
carvão (m)	вугілля (c)	[wu'ɦilʲa]

ferro (m)	залізо (c)	[za'lizo]
ouro (m)	золото (c)	['zɔloto]
prata (f)	срібло (c)	['sriblo]
níquel (m)	нікель (ч)	['nikɛlʲ]
cobre (m)	мідь (ж)	[midʲ]

zinco (m)	цинк (ч)	['tsink]
manganês (m)	марганець (ч)	['marɦanɛts]
mercúrio (m)	ртуть (ж)	[rtutʲ]
chumbo (m)	свинець (ч)	[swi'nɛts]

mineral (m)	мінерал (ч)	[minɛ'ral]
cristal (m)	кристал (ч)	[kris'tal]
mármore (m)	мармур (ч)	['marmur]
urânio (m)	уран (ч)	[u'ran]

85. Tempo

tempo (m)	погода (ж)	[po'ɦɔda]
previsão (f) do tempo	прогноз (ч) погоди	[proɦ'nɔz po'ɦɔdi]
temperatura (f)	температура (ж)	[tɛmpɛra'tura]
termómetro (m)	термометр (ч)	[tɛr'mɔmɛtr]
barómetro (m)	барометр (ч)	[ba'rɔmɛtr]

húmido	вологий	[wo'lɔɦij]
humidade (f)	вологість (ж)	[wolɔɦistʲ]
calor (m)	спека (ж)	['spɛka]
cálido	гарячий	[ɦa'rʲatʃij]
está muito calor	спекотно	[spɛ'kɔtno]

está calor	тепло	['tɛplo]
quente	теплий	['tɛplij]

está frio	холодно	['hɔlodno]
frio	холодний	[ho'lɔdnij]

sol (m)	сонце (c)	['sɔntsɛ]
brilhar (vi)	світити	[swi'titi]
de sol, ensolarado	сонячний	['sɔnʲatʃnij]
nascer (vi)	зійти	[zij'ti]

pôr-se (vr)	сісти	['sisti]
nuvem (f)	хмара (ж)	['hmara]
nublado	хмарний	['hmarnij]
nuvem (f) preta	хмара (ж)	['hmara]
escuro, cinzento	похмурий	[poh'murij]

chuva (f)	дощ (ч)	[doç]
está a chover	йде дощ	[jdɛ doç]
chuvoso	дощовий	[doço'wij]
chuviscar (vi)	накрапати	[nakra'pati]

chuva (f) torrencial	проливний дощ (ч)	[proliw'nij doç]
chuvada (f)	злива (ж)	['zliwa]
forte (chuva)	сильний	['sil'nij]
poça (f)	калюжа (ж)	[ka'l'uʒa]
molhar-se (vr)	мокнути	['mɔknuti]

nevoeiro (m)	туман (ч)	[tu'man]
de nevoeiro	туманний	[tu'manij]
neve (f)	сніг (ч)	[sniɦ]
está a nevar	йде сніг	[jdɛ sniɦ]

86. Tempo extremo. Catástrofes naturais

trovoada (f)	гроза (ж)	[ɦro'za]
relâmpago (m)	блискавка (ж)	['bliskawka]
relampejar (vi)	блискати	['bliskati]

trovão (m)	грім (ч)	[ɦrim]
trovejar (vi)	гриміти	[ɦri'miti]
está a trovejar	гримить грім	[ɦri'mit' ɦrim]

| granizo (m) | град (ч) | [ɦrad] |
| está a cair granizo | йде град | [jdɛ ɦrad] |

| inundar (vt) | затопити | [zato'niti] |
| inundação (f) | повінь (ж) | ['powin'] |

terremoto (m)	землетрус (ч)	[zɛmlɛt'rus]
abalo, tremor (m)	поштовх (ч)	['poʃtowh]
epicentro (m)	епіцентр (ч)	[ɛpi'tsɛntr]

| erupção (f) | виверження (с) | ['wiwɛrʒɛn'a] |
| lava (f) | лава (ж) | ['lawa] |

turbilhão, tornado (m)	смерч, торнадо (ч)	[smɛrtʃ], [tor'nado]
turbilhão (m)	смерч (ч)	[smɛrtʃ]
tornado (m)	торнадо (ч)	[tor'nado]
tufão (m)	тайфун (ч)	[taj'fun]

furacão (m)	ураган (ч)	[uraɦan]
tempestade (f)	буря (ж)	['bur'a]
tsunami (m)	цунамі (с)	[tsu'nami]
ciclone (m)	циклон (ч)	[tsik'lɔn]

mau tempo (m)	негода (ж)	[nɛ'hɔda]
incêndio (m)	пожежа (ж)	[po'ʒɛʒa]
catástrofe (f)	катастрофа (ж)	[kata'strɔfa]
meteorito (m)	метеорит (ч)	[mɛtɛo'rit]
avalanche (f)	лавина (ж)	[la'wina]
deslizamento (m) de neve	обвал (ч)	[ob'wal]
nevasca (f)	заметіль (ж)	[zamɛ'tilʲ]
tempestade (f) de neve	завірюха (ж)	[zawi'rʲuha]

FAUNA

87. Mamíferos. Predadores

predador (m)	хижак (ч)	[hi'ʒak]
tigre (m)	тигр (ч)	[tiɦr]
leão (m)	лев (ч)	[lɛw]
lobo (m)	вовк (ч)	[wowk]
raposa (f)	лисиця (ж)	[liˈsitsʲa]
jaguar (m)	ягуар (ч)	[jaɦuˈar]
leopardo (m)	леопард (ч)	[lɛoˈpard]
chita (f)	гепард (ч)	[ɦɛˈpard]
pantera (f)	пантера (ж)	[panˈtɛra]
puma (m)	пума (ж)	[ˈpuma]
leopardo-das-neves (m)	сніговий барс (ч)	[sniɦoˈwij bars]
lince (m)	рись (ж)	[risʲ]
coiote (m)	койот (ч)	[koˈjɔt]
chacal (m)	шакал (ч)	[ʃaˈkal]
hiena (f)	гієна (ж)	[ɦiˈɛna]

88. Animais selvagens

animal (m)	тварина (ж)	[twaˈrina]
besta (f)	звір (ч)	[zwir]
esquilo (m)	білка (ж)	[ˈbilka]
ouriço (m)	їжак (ч)	[jiˈʒak]
lebre (f)	заєць (ч)	[ˈzaɛts]
coelho (m)	кріль (ч)	[krilʲ]
texugo (m)	борсук (ч)	[borˈsuk]
guaxinim (m)	єнот (ч)	[ɛˈnɔt]
hamster (m)	хом'як (ч)	[hoˈmʲak]
marmota (f)	бабак (ч)	[baˈbak]
toupeira (f)	кріт (ч)	[krit]
rato (m)	миша (ж)	[ˈmiʃa]
ratazana (f)	щур (ч)	[ɕur]
morcego (m)	кажан (ч)	[kaˈʒan]
arminho (m)	горностай (ч)	[ɦornoˈstaj]
zibelina (f)	соболь (ч)	[ˈsobolʲ]
marta (f)	куниця (ж)	[kuˈnitsʲa]
doninha (f)	ласка (ж)	[ˈlaska]
vison (m)	норка (ж)	[ˈnɔrka]

| castor (m) | бобер (ч) | [bo'bɛr] |
| lontra (f) | видра (ж) | ['widra] |

cavalo (m)	кінь (ч)	[kinʲ]
alce (m)	лось (ч)	[losʲ]
veado (m)	олень (ч)	['ɔlɛnʲ]
camelo (m)	верблюд (ч)	[wɛr'blʲud]

bisão (m)	бізон (ч)	[bi'zɔn]
auroque (m)	зубр (ч)	[zubr]
búfalo (m)	буйвіл (ч)	['bujwil]

zebra (f)	зебра (ж)	['zɛbra]
antílope (m)	антилопа (ж)	[anti'lɔpa]
corça (f)	косуля (ж)	[ko'sulʲa]
gamo (m)	лань (ж)	[lanʲ]
camurça (f)	сарна (ж)	['sarna]
javali (m)	вепр (ч)	[wɛpr]

baleia (f)	кит (ч)	[kit]
foca (f)	тюлень (ч)	[tʲu'lɛnʲ]
morsa (f)	морж (ч)	[mɔrʒ]
urso-marinho (m)	котик (ч)	['kɔtik]
golfinho (m)	дельфін (ч)	[dɛlʲ'fin]

urso (m)	ведмідь (ч)	[wɛd'midʲ]
urso (m) branco	білий ведмідь (ч)	['bilij wɛd'midʲ]
panda (m)	панда (ж)	['panda]

macaco (em geral)	мавпа (ж)	['mawpa]
chimpanzé (m)	шимпанзе (ч)	[ʃimpan'zɛ]
orangotango (m)	орангутанг (ч)	[oranɦu'tanɦ]
gorila (m)	горила (ж)	[ɦo'rila]
macaco (m)	макака (ж)	[ma'kaka]
gibão (m)	гібон (ч)	[ɦi'bɔn]

elefante (m)	слон (ч)	[slon]
rinoceronte (m)	носоріг (ч)	[noso'riɦ]
girafa (f)	жирафа (ж)	[ʒirafa]
hipopótamo (m)	бегемот (ч)	[bɛɦɛ'mɔt]

| canguru (m) | кенгуру (ч) | [kɛnɦu'ru] |
| coala (m) | коала (ч) | [ko'ala] |

mangusto (m)	мангуст (ч)	[ma'nɦust]
chinchila (m)	шиншила (ж)	[ʃin'ʃila]
doninha-fedorenta (f)	скунс (ч)	[skuns]
porco-espinho (m)	дикобраз (ч)	[diko'braz]

89. Animais domésticos

gata (f)	кішка (ж)	['kiʃka]
gato (m) macho	кіт (ч)	[kit]
cão (m)	собака, пес (ч)	[ɔo'baka], [pɛs]

cavalo (m)	кінь (ч)	[kinʲ]
garanhão (m)	жеребець (ч)	[ʒɛrɛ'bɛts]
égua (f)	кобила (ж)	[ko'bɨla]

vaca (f)	корова (ж)	[ko'rɔwa]
touro (m)	бик (ч)	[bɨk]
boi (m)	віл (ч)	[wil]

ovelha (f)	вівця (ж)	[wiw'tsʲa]
carneiro (m)	баран (ч)	[ba'ran]
cabra (f)	коза (ж)	[ko'za]
bode (m)	козел (ч)	[ko'zɛl]

burro (m)	осел (ч)	[o'sɛl]
mula (f)	мул (ч)	[mul]

porco (m)	свиня (ж)	[swɨ'nʲa]
leitão (m)	порося (c)	[poro'sʲa]
coelho (m)	кріль (ч)	[krilʲ]

galinha (f)	курка (ж)	['kurka]
galo (m)	півень (ч)	['piwɛnʲ]

pata (f)	качка (ж)	['katʃka]
pato (macho)	качур (ч)	['katʃur]
ganso (m)	гусак (ч)	[ɦu'sak]

peru (m)	індик (ч)	[in'dɨk]
perua (f)	індичка (ж)	[in'dɨtʃka]

animais (m pl) domésticos	домашні тварини (мн)	[do'maʃni twa'rɨnɨ]
domesticado	ручний	[rutʃ'nɨj]
domesticar (vt)	приручати	[prɨru'tʃatɨ]
criar (vt)	вирощувати	[wɨ'rɔɕuwatɨ]

quinta (f)	ферма (ж)	['fɛrma]
aves (f pl) domésticas	свійські птахи (мн)	['swijsʲki pta'hɨ]
gado (m)	худоба (ж)	[ɦu'dɔba]
rebanho (m), manada (f)	стадо (c)	['stadɔ]

estábulo (m)	конюшня (ж)	[ko'nʲuʃnʲa]
pocilga (f)	свинарник (ч)	[swɨ'narnɨk]
estábulo (m)	корівник (ч)	[ko'riwnɨk]
coelheira (f)	крільчатник (ч)	[krilʲ'tʃatnɨk]
galinheiro (m)	курник (ч)	[kur'nɨk]

90. Pássaros

pássaro (m), ave (f)	птах (ч)	[ptah]
pombo (m)	голуб (ч)	['ɦɔlub]
pardal (m)	горобець (ч)	[ɦoro'bɛts]
chapim-real (m)	синиця (ж)	[sɨ'nɨtsʲa]
pega-rabuda (f)	сорока (ж)	[so'rɔka]
corvo (m)	ворон (ч)	['wɔron]

gralha (f) cinzenta	ворона (ж)	[wo'rɔna]
gralha-de-nuca-cinzenta (f)	галка (ж)	['ɦalka]
gralha-calva (f)	грак (ч)	[ɦrak]

pato (m)	качка (ж)	['katʃka]
ganso (m)	гусак (ч)	[ɦu'sak]
faisão (m)	фазан (ч)	[fa'zan]

águia (f)	орел (ч)	[o'rɛl]
açor (m)	яструб (ч)	['ʲastrub]
falcão (m)	сокіл (ч)	['sɔkilʲ]
abutre (m)	гриф (ч)	[ɦrif]
condor (m)	кондор (ч)	['kɔndor]

cisne (m)	лебідь (ч)	['lɛbidʲ]
grou (m)	журавель (ч)	[ʒura'wɛlʲ]
cegonha (f)	чорногуз (ч)	[ʧorno'ɦuz]

papagaio (m)	папуга (ч)	[pa'puɦa]
beija-flor (m)	колібрі (ч)	[ko'libri]
pavão (m)	пава (ж)	['pawa]

avestruz (m)	страус (ч)	['straus]
garça (f)	чапля (ж)	['ʧaplʲa]
flamingo (m)	фламінго (с)	[fla'minɦo]
pelicano (m)	пелікан (ч)	[pɛli'kan]

| rouxinol (m) | соловей (ч) | [solo'wɛj] |
| andorinha (f) | ластівка (ж) | ['lastiwka] |

tordo-zornal (m)	дрізд (ч)	[drizd]
tordo-músico (m)	співучий дрізд (ч)	[spi'wuʧij 'drizd]
melro-preto (m)	чорний дрізд (ч)	['ʧornij 'drizd]

andorinhão (m)	стриж (ч)	['striʒ]
cotovia (f)	жайворонок (ч)	['ʒajworonok]
codorna (f)	перепел (ч)	['pɛrɛpɛl]

pica-pau (m)	дятел (ч)	['dʲatɛl]
cuco (m)	зозуля (ж)	[zo'zulʲa]
coruja (f)	сова (ж)	[so'wa]
corujão, bufo (m)	пугач (ч)	[pu'ɦaʧ]
tetraz-grande (m)	глухар (ч)	[ɦlu'har]
tetraz-lira (m)	тетерук (ч)	[tɛtɛ'ruk]
perdiz-cinzenta (f)	куріпка (ж)	[ku'ripka]

estorninho (m)	шпак (ч)	[ʃpak]
canário (m)	канарка (ж)	[ka'narka]
galinha-do-mato (f)	рябчик (ч)	['rʲabʧik]

| tentilhão (m) | зяблик (ч) | ['zʲablik] |
| dom-fafe (m) | снігур (ч) | [sni'ɦur] |

gaivota (f)	чайка (ж)	['ʧajka]
albatroz (m)	альбатрос (ч)	[alʲbat'rɔs]
pinguim (m)	пінгвін (ч)	[pinɦ'win]

91. Peixes. Animais marinhos

brema (f)	лящ (ч)	[lʲaɕ]
carpa (f)	короп (ч)	['kɔrop]
perca (f)	окунь (ч)	['ɔkunʲ]
siluro (m)	сом (ч)	[som]
lúcio (m)	щука (ж)	['ɕuka]
salmão (m)	лосось (ч)	[lo'sɔsʲ]
esturjão (m)	осетер (ч)	[osɛ'tɛr]
arenque (m)	оселедець (ч)	[osɛ'lɛdɛts]
salmão (m)	сьомга (ж)	['sʲomɦa]
cavala, sarda (f)	скумбрія (ж)	['skumbriʲa]
solha (f)	камбала (ж)	[kamba'la]
lúcio perca (m)	судак (ч)	[su'dak]
bacalhau (m)	тріска (ж)	[tris'ka]
atum (m)	тунець (ч)	[tu'nɛts]
truta (f)	форель (ж)	[fo'rɛlʲ]
enguia (f)	вугор (ч)	[wu'ɦor]
raia elétrica (f)	електричний скат (ч)	[ɛlɛkt'ritʃnij skat]
moreia (f)	мурена (ж)	[mu'rɛna]
piranha (f)	піранья (ж)	[pi'ranʲa]
tubarão (m)	акула (ж)	[a'kula]
golfinho (m)	дельфін (ч)	[dɛlʲ'fin]
baleia (f)	кит (ч)	[kit]
caranguejo (m)	краб (ч)	[krab]
medusa, alforreca (f)	медуза (ж)	[mɛ'duza]
polvo (m)	восьминіг (ч)	[wosʲmi'niɦ]
estrela-do-mar (f)	морська зірка (ж)	[morsʲ'ka 'zirka]
ouriço-do-mar (m)	морський їжак (ч)	[morsʲ'kij ji'ʒak]
cavalo-marinho (m)	морський коник (ч)	[morsʲ'kij 'konik]
ostra (f)	устриця (ж)	['ustritsʲa]
camarão (m)	креветка (ж)	[krɛ'wɛtka]
lavagante (m)	омар (ч)	[o'mar]
lagosta (f)	лангуст (ч)	[lan'ɦust]

92. Amfíbios. Répteis

serpente, cobra (f)	змія (ж)	[zmi'ʲa]
venenoso	отруйний	[ot'rujnij]
víbora (f)	гадюка (ж)	[ɦa'dʲuka]
cobra-capelo, naja (f)	кобра (ж)	['kɔbra]
pitão (m)	пітон (ч)	[pi'tɔn]
jiboia (f)	удав (ч)	[u'daw]
cobra-de-água (f)	вуж (ч)	[wuʒ]

| cascavel (f) | гримуча змія (ж) | [ɦri'muʧa zmiᶦⁱa] |
| anaconda (f) | анаконда (ж) | [ana'kɔnda] |

lagarto (m)	ящірка (ж)	[ᶦⁱaɕirka]
iguana (f)	ігуана (ж)	[iɦu'ana]
varano (m)	варан (ч)	[wa'ran]
salamandra (f)	саламандра (ж)	[sala'mandra]
camaleão (m)	хамелеон (ч)	[hamɛlɛ'ɔn]
escorpião (m)	скорпіон (ч)	[skorpi'ɔn]

tartaruga (f)	черепаха (ж)	[ʧɛrɛ'paha]
rã (f)	жаба (ж)	['ʒaba]
sapo (m)	ропуха (ж)	[ro'puha]
crocodilo (m)	крокодил (ч)	[kroko'dɨl]

93. Insetos

inseto (m)	комаха (ж)	[ko'maha]
borboleta (f)	метелик (ч)	[mɛ'tɛlik]
formiga (f)	мураха (ж)	[mu'raha]
mosca (f)	муха (ж)	['muha]
mosquito (m)	комар (ч)	[ko'mar]
escaravelho (m)	жук (ч)	[ʒuk]

vespa (f)	оса (ж)	[o'sa]
abelha (f)	бджола (ж)	[bdʒo'la]
mamangava (f)	джміль (ч)	[dʒmilʲ]
moscardo (m)	овід (ч)	['ɔwid]

| aranha (f) | павук (ч) | [pa'wuk] |
| teia (f) de aranha | павутиння (c) | [pawu'tinʲa] |

libélula (f)	бабка (ж)	['babka]
gafanhoto-do-campo (m)	коник (ч)	['kɔnik]
traça (f)	метелик (ч)	[mɛ'tɛlik]

barata (f)	тарган (ч)	[tar'ɦan]
carraça (f)	кліщ (ч)	[kliɕ]
pulga (f)	блоха (ж)	['bloha]
borrachudo (m)	мошка (ж)	['mɔʃka]

gafanhoto (m)	сарана (ж)	[sara'na]
caracol (m)	равлик (ч)	['rawlik]
grilo (m)	цвіркун (ч)	[tswir'kun]
pirilampo (m)	світлячок (ч)	[switlʲa'ʧok]
joaninha (f)	сонечко (c)	['sɔnɛʧko]
besouro (m)	хрущ (ч)	[hruɕ]

sanguessuga (f)	п'явка (ж)	['pʲⁱawka]
lagarta (f)	гусениця (ж)	['ɦusɛnɨtsʲa]
minhoca (f)	черв'як (ч)	[ʧɛr'wʲⁱak]
larva (f)	личинка (ж)	[li'ʧinka]

FLORA

94. Árvores

árvore (f)	дерево (c)	['dɛrɛwo]
decídua	листяне	[lisˈtʲaˈnɛ]
conífera	хвойне	['hwɔjnɛ]
perene	вічнозелене	[witʃnozɛˈlɛnɛ]

macieira (f)	яблуня (ж)	[ˈʲablunʲa]
pereira (f)	груша (ж)	['hruʃa]
cerejeira (f)	черешня (ж)	[tʃɛˈrɛʃnʲa]
ginjeira (f)	вишня (ж)	['wiʃnʲa]
ameixeira (f)	слива (ж)	['sliwa]

bétula (f)	береза (ж)	[bɛˈrɛza]
carvalho (m)	дуб (ч)	[dub]
tília (f)	липа (ж)	['lipa]
choupo-tremedor (m)	осика (ж)	[oˈsika]
bordo (m)	клен (ч)	[klɛn]
espruce-europeu (m)	ялина (ж)	[jaˈlina]
pinheiro (m)	сосна (ж)	[sosˈna]
alerce, lariço (m)	модрина (ж)	[modˈrina]
abeto (m)	ялиця (ж)	[jaˈlitsʲa]
cedro (m)	кедр (ч)	[kɛdr]

choupo, álamo (m)	тополя (ж)	[toˈpolʲa]
tramazeira (f)	горобина (ж)	[horoˈbina]
salgueiro (m)	верба (ж)	[wɛrˈba]
amieiro (m)	вільха (ж)	['wilʲha]
faia (f)	бук (ч)	[buk]
ulmeiro (m)	в'яз (ч)	[wˀjaz]
freixo (m)	ясен (ч)	[ˈʲasɛn]
castanheiro (m)	каштан (ч)	[kaʃˈtan]

magnólia (f)	магнолія (ж)	[mahˈnɔliʲa]
palmeira (f)	пальма (ж)	['palʲma]
cipreste (m)	кипарис (ч)	[kipaˈris]

mangue (m)	мангрове дерево (c)	['manhrowɛ 'dɛrɛwo]
embondeiro, baobá (m)	баобаб (ч)	[baoˈbab]
eucalipto (m)	евкаліпт (ч)	[ɛwkaˈlipt]
sequoia (f)	секвоя (ж)	[sɛkˈwɔʲa]

95. Arbustos

| arbusto (m) | кущ (ч) | [kuɕ] |
| arbusto (m), moita (f) | чагарник (ч) | [tʃaharˈnik] |

| videira (f) | виноград (ч) | [wino'ɦrad] |
| vinhedo (m) | виноградник (ч) | [wino'ɦradnik] |

framboeseira (f)	малина (ж)	[ma'lina]
groselheira-preta (f)	чорна смородина (ж)	['t͡ʃɔrna smo'rɔdina]
groselheira-vermelha (f)	порічки (мн)	[po'rit͡ʃki]
groselheira (f) espinhosa	аґрус (ч)	['agrus]

acácia (f)	акація (ж)	[a'katsiʲa]
bérberis (f)	барбарис (ч)	[barba'ris]
jasmim (m)	жасмин (ч)	[ʒas'min]

junípero (m)	ялівець (ч)	[jali'wɛt͡s]
roseira (f)	трояндовий кущ (ч)	[troʲandowij kuɕ]
roseira (f) brava	шипшина (ж)	[ʃip'ʃina]

96. Frutos. Bagas

fruta (f)	фрукт, плід (ч)	[frukt], [plid]
frutas (f pl)	фрукти, плоди (мн)	[frukti], [plo'di]
maçã (f)	яблуко (с)	[ʲabluko]
pera (f)	груша (ж)	['ɦruʃa]
ameixa (f)	слива (ж)	['sliwa]

morango (m)	полуниця (ж)	[polu'nitsʲa]
ginja (f)	вишня (ж)	['wiʃnʲa]
cereja (f)	черешня (ж)	[t͡ʃɛ'rɛʃnʲa]
uva (f)	виноград (ч)	[wino'ɦrad]

framboesa (f)	малина (ж)	[ma'lina]
groselha (f) preta	чорна смородина (ж)	['t͡ʃɔrna smo'rɔdina]
groselha (f) vermelha	порічки (мн)	[po'rit͡ʃki]
groselha (f) espinhosa	аґрус (ч)	['agrus]
oxicoco (m)	журавлина (ж)	[ʒuraw'lina]

laranja (f)	апельсин (ч)	[apɛlʲ'sin]
tangerina (f)	мандарин (ч)	[manda'rin]
ananás (m)	ананас (ч)	[ana'nas]

| banana (f) | банан (ч) | [ba'nan] |
| tâmara (f) | фінік (ч) | ['finik] |

limão (m)	лимон (ч)	[li'mɔn]
damasco (m)	абрикос (ч)	[abri'kɔs]
pêssego (m)	персик (ч)	['pɛrsik]

| kiwi (m) | ківі (ч) | ['kiwi] |
| toranja (f) | грейпфрут (ч) | [ɦrɛjp'frut] |

baga (f)	ягода (ж)	[ʲaɦoda]
bagas (f pl)	ягоди (мн)	[ʲaɦodi]
arando (m) vermelho	брусниця (ж)	[brus'nitsʲa]
morango-silvestre (m)	суниця (ж)	[su'nitsʲa]
mirtilo (m)	чорниця (ж)	[t͡ʃɔr'nitsʲa]

97. Flores. Plantas

| flor (f) | квітка (ж) | ['kwitka] |
| ramo (m) de flores | букет (ч) | [bu'kɛt] |

rosa (f)	троянда (ж)	[tro'ˈanda]
tulipa (f)	тюльпан (ч)	[tʲulʲˈpan]
cravo (m)	гвоздика (ж)	[ɦwoz'dika]
gladíolo (m)	гладіолус (ч)	[ɦladi'ɔlus]

centáurea (f)	волошка (ж)	[wo'lɔʃka]
campânula (f)	дзвіночок (ч)	[dzwi'nɔtʃok]
dente-de-leão (m)	кульбаба (ж)	[kulʲˈbaba]
camomila (f)	ромашка (ж)	[ro'maʃka]

aloé (m)	алое (c)	[a'lɔɛ]
cato (m)	кактус (ч)	['kaktus]
fícus (m)	фікус (ч)	['fikus]

lírio (m)	лілея (ж)	[li'lɛʲa]
gerânio (m)	герань (ж)	[ɦɛ'ranʲ]
jacinto (m)	гіацинт (ч)	[ɦia'tsint]

mimosa (f)	мімоза (ж)	[mi'mɔza]
narciso (m)	нарцис (ч)	[nar'tsis]
capuchinha (f)	настурція (ж)	[nas'turtsiʲa]

orquídea (f)	орхідея (ж)	[orhi'dɛʲa]
peónia (f)	півонія (ж)	[pi'wɔniʲa]
violeta (f)	фіалка (ж)	[fi'alka]

amor-perfeito (m)	братки (мн)	[brat'ki]
não-me-esqueças (m)	незабудка (ж)	[nɛza'budka]
margarida (f)	стокротки (мн)	[stok'rɔtki]

papoula (f)	мак (ч)	[mak]
cânhamo (m)	коноплі (мн)	[ko'nɔpli]
hortelã (f)	м'ята (ж)	['mʲata]

| lírio-do-vale (m) | конвалія (ж) | [kon'waliʲa] |
| campânula-branca (f) | пролісок (ч) | ['prɔlisok] |

urtiga (f)	кропива (ж)	[kropi'wa]
azeda (f)	щавель (ч)	[ɕa'wɛlʲ]
nenúfar (m)	латаття (c)	[la'tattʲa]
feto (m), samambaia (f)	папороть (ж)	['paporotʲ]
líquen (m)	лишайник (ч)	[li'ʃajnik]

estufa (f)	оранжерея (ж)	[oranʒɛ'rɛʲa]
relvado (m)	газон (ч)	[ɦa'zɔn]
canteiro (m) de flores	клумба (ж)	['klumba]

planta (f)	рослина (ж)	[ros'lina]
erva (f)	трава (ж)	[tra'wa]
folha (f) de erva	травинка (ж)	[tra'winka]

folha (f)	листок (ч)	[lis'tɔk]
pétala (f)	пелюстка (ж)	[pɛ'lʲustka]
talo (m)	стебло (c)	[stɛb'lɔ]
tubérculo (m)	бульба (ж)	['bulʲba]

| broto, rebento (m) | паросток (ч) | ['parostok] |
| espinho (m) | колючка (ж) | [ko'lʲutʃka] |

florescer (vi)	цвісти	[tswis'ti]
murchar (vi)	в'янути	['wʲanuti]
cheiro (m)	запах (ч)	['zapah]
cortar (flores)	зрізати	['zrizati]
colher (uma flor)	зірвати	[zir'wati]

98. Cereais, grãos

grão (m)	зерно (c)	[zɛr'nɔ]
cereais (plantas)	зернові рослини (мн)	[zɛrno'wi ros'lini]
espiga (f)	колос (ч)	['kɔlos]

trigo (m)	пшениця (ж)	[pʃɛ'nitsʲa]
centeio (m)	жито (c)	['ʒito]
aveia (f)	овес (ч)	[o'wɛs]
milho-miúdo (m)	просо (c)	['prɔso]
cevada (f)	ячмінь (ч)	[jatʃʲ'minʲ]

milho (m)	кукурудза (ж)	[kuku'rudza]
arroz (m)	рис (ч)	[ris]
trigo-sarraceno (m)	гречка (ж)	['ɦrɛtʃka]

ervilha (f)	горох (ч)	[ɦo'rɔh]
feijão (m)	квасоля (ж)	[kwa'sɔlʲa]
soja (f)	соя (ж)	['sɔʲa]
lentilha (f)	сочевиця (ж)	[sotʃɛ'witsʲa]
fava (f)	боби (мн)	[bo'bi]

PAÍSES DO MUNDO

99. Países. Parte 1

Afeganistão (m)	Афганістан (ч)	[afħani'stan]
África do Sul (f)	Південно-Африканська Республіка (ж)	[piw'dɛno afri'kansʲka rɛs'publika]
Albânia (f)	Албанія (ж)	[al'baniʲa]
Alemanha (f)	Німеччина (ж)	[ni'mɛtʃina]
Arábia (f) Saudita	Саудівська Аравія (ж)	[sa'udiwsʲka a'rawiʲa]
Argentina (f)	Аргентина (ж)	[arħɛn'tina]
Arménia (f)	Вірменія (ж)	[wir'mɛniʲa]
Austrália (f)	Австралія (ж)	[aw'straliʲa]
Áustria (f)	Австрія (ж)	['awstriʲa]
Azerbaijão (m)	Азербайджан (ч)	[azɛrbaj'dʒan]
Bahamas (f pl)	Багамські острови (мн)	[ba'ħamsʲki ostro'wi]
Bangladesh (m)	Бангладеш (ч)	[banħla'dɛʃ]
Bélgica (f)	Бельгія (ж)	['bɛlʲħiʲa]
Bielorrússia (f)	Білорусь (ж)	[bilo'rusʲ]
Bolívia (f)	Болівія (ж)	[bo'liwiʲa]
Bósnia e Herzegovina (f)	Боснія і Герцеговина (ж)	['bɔsniʲa i ħɛrtsɛħo'wina]
Brasil (m)	Бразилія (ж)	[bra'ziliʲa]
Bulgária (f)	Болгарія (ж)	[bol'ħariʲa]
Camboja (f)	Камбоджа (ж)	[kam'bɔdʒa]
Canadá (m)	Канада (ж)	[ka'nada]
Cazaquistão (m)	Казахстан (ч)	[kazah'stan]
Chile (m)	Чилі (ж)	['tʃili]
China (f)	Китай (ч)	[ki'taj]
Chipre (m)	Кіпр (ч)	[kipr]
Colômbia (f)	Колумбія (ж)	[ko'lumbiʲa]
Coreia do Norte (f)	Північна Корея (ж)	[piw'niʧna ko'rɛʲa]
Coreia do Sul (f)	Південна Корея (ж)	[piw'dɛna ko'rɛʲa]
Croácia (f)	Хорватія (ж)	[hor'watiʲa]
Cuba (f)	Куба (ж)	['kuba]
Dinamarca (f)	Данія (ж)	['daniʲa]
Egito (m)	Єгипет (ч)	[ɛ'ħipɛt]
Emirados Árabes Unidos	Об'єднані Арабські емірати (мн)	[o'bʼɛdnani a'rabsʲki ɛmi'rati]
Equador (m)	Еквадор (ч)	[ɛkwa'dɔr]
Escócia (f)	Шотландія (ж)	[ʃot'landiʲa]
Eslováquia (f)	Словаччина (ж)	[slo'watʃina]
Eslovénia (f)	Словенія (ж)	[slo'wɛniʲa]
Espanha (f)	Іспанія (ж)	[ispaniʲa]
Estados Unidos da América	Сполучені Штати Америки (мн)	[spo'lutʃɛni 'ʃtati a'mɛriki]

Estónia (f)	Естонія (ж)	[ɛs'tɔniʲa]
Finlândia (f)	Фінляндія (ж)	[fin'lʲandiʲa]
França (f)	Франція (ж)	['frantsiʲa]

100. Países. Parte 2

Gana (f)	Гана (ж)	['ɦana]
Geórgia (f)	Грузія (ж)	['ɦruziʲa]
Grã-Bretanha (f)	Велика Британія (ж)	[wɛ'lika bri'taniʲa]
Grécia (f)	Греція (ж)	['ɦrɛtsiʲa]
Haiti (m)	Гаїті (ч)	[ɦa'jiti]
Hungria (f)	Угорщина (ж)	[u'ɦɔrɕina]
Índia (f)	Індія (ж)	['indiʲa]

Indonésia (f)	Індонезія (ж)	[indo'nɛziʲa]
Inglaterra (f)	Англія (ж)	['anɦliʲa]
Irão (m)	Іран (ч)	[i'ran]
Iraque (m)	Ірак (ч)	[i'rak]
Irlanda (f)	Ірландія (ж)	[ir'landiʲa]
Islândia (f)	Ісландія (ж)	[is'landiʲa]
Israel (m)	Ізраїль (ч)	[iz'rajilʲ]

Itália (f)	Італія (ж)	[i'taliʲa]
Jamaica (f)	Ямайка (ж)	[ja'majka]
Japão (m)	Японія (ж)	[ja'pɔniʲa]
Jordânia (f)	Йорданія (ж)	[ʲor'daniʲa]
Kuwait (m)	Кувейт (ч)	[ku'wɛjt]
Laos (m)	Лаос (ч)	[la'ɔs]
Letónia (f)	Латвія (ж)	['latwiʲa]

Líbano (m)	Ліван (ч)	[li'wan]
Líbia (f)	Лівія (ж)	['liwiʲa]
Liechtenstein (m)	Ліхтенштейн (ч)	[lihtɛn'ʃtɛjn]
Lituânia (f)	Литва (ж)	[lit'wa]
Luxemburgo (m)	Люксембург (ч)	[lʲuksɛm'burɦ]

| Macedónia (f) | Македонія (ж) | [makɛ'dɔniʲa] |
| Madagáscar (m) | Мадагаскар (ч) | [madaɦa'skar] |

Malásia (f)	Малайзія (ж)	[ma'lajziʲa]
Malta (f)	Мальта (ж)	['malʲta]
Marrocos	Марокко (ж)	[ma'rɔkko]
México (m)	Мексика (ж)	['mɛksika]
Myanmar (m), Birmânia (f)	М'янма (ж)	['mʲʲanma]

| Moldávia (f) | Молдова (ж) | [mol'dɔwa] |
| Mónaco (m) | Монако (ж) | [mo'nako] |

Mongólia (f)	Монголія (ж)	[mon'ɦɔliʲa]
Montenegro (m)	Чорногорія (ж)	[ʧorno'ɦɔriʲa]
Namíbia (f)	Намібія (ж)	[na'mibiʲa]
Nepal (m)	Непал (ч)	[nɛ'pal]
Noruega (f)	Норвегія (ж)	[nor'wɛɦiʲa]
Nova Zelândia (f)	Нова Зеландія (ж)	[no'wa zɛ'landiʲa]

101. Países. Parte 3

Português	Ucraniano	Transcrição
Países (m pl) Baixos	Нідерланди (ж)	[nidɛr'landi]
Palestina (f)	Палестина (ж)	[palɛ'stina]
Panamá (m)	Панама (ж)	[pa'nama]
Paquistão (m)	Пакистан (ч)	[paki'stan]
Paraguai (m)	Парагвай (ч)	[paraɦ'waj]
Peru (m)	Перу (ж)	[pɛ'ru]
Polinésia Francesa (f)	Французька Полінезія (ж)	[fran'tsuzika poli'nɛziia]
Polónia (f)	Польща (ж)	['pɔliɕa]
Portugal (m)	Португалія (ж)	[portu'ɦaliia]
Quénia (f)	Кенія (ж)	['kɛniia]
Quirguistão (m)	Киргизстан (ч)	[kirɦiz'stan]
República (f) Checa	Чехія (ж)	['ʧɛhiia]
República (f) Dominicana	Домініканська республіка (ж)	[domini'kansika rɛs'publika]
Roménia (f)	Румунія (ж)	[ru'muniia]
Rússia (f)	Росія (ж)	[ro'siia]
Senegal (m)	Сенегал (ч)	[sɛnɛ'ɦal]
Sérvia (f)	Сербія (ж)	['sɛrbiia]
Síria (f)	Сирія (ж)	['siriia]
Suécia (f)	Швеція (ж)	['ʃwɛtsiia]
Suíça (f)	Швейцарія (ж)	[ʃwɛj'tsariia]
Suriname (m)	Суринам (ч)	[suri'nam]
Tailândia (f)	Таїланд (ч)	[taji'land]
Taiwan (m)	Тайвань (ч)	[taj'wanj]
Tajiquistão (m)	Таджикистан (ч)	[tadʒiki'stan]
Tanzânia (f)	Танзанія (ж)	[tan'zaniia]
Tasmânia (f)	Тасманія (ж)	[tas'maniia]
Tunísia (f)	Туніс (ч)	[tu'nis]
Turquemenistão (m)	Туркменістан (ч)	[turkmɛni'stan]
Turquia (f)	Туреччина (ж)	[tu'rɛtʃina]
Ucrânia (f)	Україна (ж)	[ukra'jina]
Uruguai (m)	Уругвай (ч)	[uruɦ'waj]
Uzbequistão (f)	Узбекистан (ч)	[uzbɛki'stan]
Vaticano (m)	Ватикан (ч)	[wati'kan]
Venezuela (f)	Венесуела (ж)	[wɛnɛsu'ɛla]
Vietname (m)	В'єтнам (ч)	[w'ɛt'nam]
Zanzibar (m)	Занзібар (ч)	[zanzi'bar]

www.ingramcontent.com/pod-product-compliance
Lightning Source LLC
Chambersburg PA
CBHW071640050426
42443CB00026B/782